让知识成为每个人的力量

详谈 杨浩涌

李翔/著

新 星 出 版 社 NEW STAR PRESS

总 序

回到采访

在离开记者这个行业将近 5 年之后，我决定重新开始做采访，并且发表出来。之所以这么做，是出于下面两个理由。

第一个理由，是它本身所具有的知识积累的价值。

我非常喜欢西方历史学之父希罗多德在巨著《历史》的开头写的第一句话：

> 以下所展示的，乃是哈利卡纳苏斯人希罗多德调查研究的成果。其所以要发表这些研究成果，是为了保存人类过去的所作所为，使之不至于随时光流逝而被人淡忘，为了使希腊人和异族人的那些值得赞叹的丰功伟绩不致失去其应有的荣光，特别是为了把他们相互争斗的原因记载下来。

这句话揭示了采访的价值所在。采访、记录和研究的目的是对抗遗忘，让后来的人可以真正做到站在前人的肩膀上前行，而不至于陷入不断重蹈覆辙或者不断重新发明轮子的怪圈中。

采访、记录和研究的对象，既包括“那些值得赞叹的丰功伟绩”——我们之中那些优秀的创造者们，不断在用自己的聪明才智创造出一些让我们所有人都变得更好的产品、服务和组织；也包括失败和争斗——即使是我们之中那些最优秀的人，也难免会犯下错误，这些错误其实都是在为作为一个整体的我们在试错，它们都值得被记录。

这件事情在今天尤其值得做，因为现在做这种采访、记录和研究的人在减少。这里面当然有很多原因，包括传统的严肃媒体的衰落；包括因为社交网络的发达，受访者的只言片语越来越容易被拿出来放大，这让他们越来越小心谨慎；包括各种碎片化或娱乐化的内容已经挤占了人们越来越多的时间，以及内容生产者们越来越倾向于认为，受众就是喜欢碎片化和娱乐化的内容。

但是所有这些原因都没有改变希罗多德指出的采访、记录和研究的价值——它是我们的知识积累的一部分。

尤其是那些一手的采访，可以让其他行动者受到启发、获得激励，或者哪怕仅仅知道自己并不孤独；也可以成为其他人研究或者评论的基础——至少可以通过一手的采访知道当事者究竟是如何想的，哪怕你认为他想的并没有道理。

第二个理由，是我还挺高兴做这件事情的。

每个人眼中世界上最好的工作都不一样。对于我而言，最好的工作就是可以见到那些我喜欢的创造者们，听他们分享自己的成就、经验、方法和挫败。为了避免显得自吹自擂，这个理由就说到这儿吧。

拿到这套小册子，你会看到什么？

首先，当然是第一手的长篇访谈。我会努力找到我能找到的、我欣赏和尊重的最优秀的商业实践者和价值创造者，向他提问，请他分享他的实践经验、做事情的方法，包括经历过的挫败和收获。

我自己觉得它们一定会对你有所启发。而且，我还抱有一种雄心，那就是希望它们在十年甚至几十年后，仍然能够激发读到的人。

其次，如果你愿意跟随这趟旅行，我相信你能看到一幅逐渐在你眼前展开的画卷。它不是静止的、一次性的，而是动态的、在发展的。因为在我的设想中，我希望能够跟访谈的对象保持一个长期的、以十年甚至数十年为单位的沟通，把他们的想法和实践动态周期性地呈现出来。这样你看到的会是一个正在发展的、以人为单位的商业史。里面会有成就和经验，也会有矛盾和变化——毕竟世界本身就是不断变化的，它要求实践者也要做好准备随时推翻自己。

最后，因为这件事情要持续做下去还挺难的，所以我想用法拉奇的一句话做一下自我鼓励：

我说我每进行一次采访都花了心血，这并不言过其实。我要花费很大的劲才能说服自己：去吧，没有必要成为希罗多德，你至少能带回一块对拼组镶嵌图案有用的小石头，和对人们思考问题有用的情况。要是错了，也没有关系。

最后的最后，希望这些文字真的对你思考问题有用，并让你得到激发，去进行自己的创造。

李翔

2020 年 10 月 20 日

前 言

这是《详谈》出版的第二本小册子，主角是连续创业者杨浩涌。我认为他是今天还活跃着的思考能力最强的创业者之一。这是一个判断，或者说观点。

为什么会有这样的判断，是出于下面两个理由。

第一，杨浩涌是一个思考力很强的人。他从自己过往的经验里，抽象出一些思考和打法，然后把这些思考和打法继续用于自己的实践，并且再通过在实践中获得的反馈进行修正。

第一次创业创办的公司在以数十亿美元的估值跟另一家公司合并之后，很快他就开始了第二次创业，并且把自己之前在品牌、资本和团队上的理解用到了第二次创业中。不过，他第二次创业进入的是一个更复杂的领域，不仅仅是单纯的互联网的信息服务，还涉及了一个很长的交易流程。这就逼着他去不断调整和校准自己的思考模型。

第二，是从过程和阶段性的结果来看。其实在判断一个CEO时，人很容易就会陷入两个误区。一个误区是简单地以成败来判断。这样做既不礼貌，也很势利，而且往往会让你判断错误。因为有益的收获往往隐藏在过程之中。真正的高手往往会看过程中的推导，而不是仅仅看结果。

与之相对的第二个误区就是完全抛开结果，只看他的观点。商业确实是一个更偏重于以结果来衡量的领域。对于杨浩涌而言，他至少阶段性地用结果证明过自己。他创办了两家价值几十亿美元的公司——当然，他的第二家公司仍然处在过程之中。

瓜子二手车（后文简称“瓜子”）和车好多集团（后文简称“车好多”）选择的是一个万亿赛道。我的一个投资人朋友私下评价说，其实这个赛道上的几个创始人在创业者中都算是非常优秀的，包括一些今天已经被证明不那么成功的。但是这个领域的竞争，以及用互联网来改造这个行业的难度，对他们而言也是非常难的事情。在这些公司里，现在看来，杨浩涌的公司仍然是最有可能跑出来、证明自己可以规模化盈利的一家。

除此之外，我也非常享受跟他谈话，听他分享自己思考的过程。

更进一步，我想谈一下在操作《详谈》的过程中，你可能会感兴趣的一些问题。

第一个问题是选人。

他/她一定是个实践者，创造出过不错的作品、产品或组织。

这种成就肯定会给他/她带来一定的知名度。但是我不认为知名度是一个重要的考量维度。

更重要的是内容的价值感。我觉得以价值感来衡量最后呈现出的内容，才是对用户和读者负责任的态度，也是对受访者负责任的态度。这就需要他/她愿意把自己做的事情，自己的经验、方法、心得乃至挫败，以一种较为坦诚的态度分享出来。当然，这需要我努力地去跟他们建立信任，也意味着这个过程注定是非常缓慢的。

第二个问题是关于提问的风格。

在我自己看来，如何提问、提什么样的问题，其实取决于你想要达到什么样的效果，或者说目的。至少在《详谈》，我认为提问想要达到的效果或目的，是激发对方更多的表达和阐述。他/她能够把问题视为一个线索，把自己的思考过程更好地表达出来。在这里，提问是为了激发，问题是思考的锚。

这样的风格，可能跟如今在综艺化的视频访谈节目中看到的提问风格不同。在我的理解中，视频访谈有一个更重要的目的，是场面要热闹，要有冲突、对抗、悬疑等，这样才能够吸引人去看。但是视频和文本毕竟不同。在这里，我希望有的效果还是能够让你读到时得到激发，或者会心一笑。

第三个问题是关于文本的处理。

我希望经过编辑后的谈话，能够做到在相对准确地表达的同时，仍然保留了一个人讲话时的风格。这样的文本可能不够规整，但是它有口语的鲜活，同时有一个人的性格和特点活跃在纸上。

最理想的文本，就是让你能够感觉到自己在加入一场高质量的谈话，享受到思考的乐趣。这是我希望能够做到的。

最后，还是希望你能够享受阅读。

感谢杨浩涌愿意跟我分享他的思考，也感谢他的团队，特别是陈艳艳的帮助。

目录

2020 年 10 月访谈

杨浩涌是谁

杨浩涌是一名连续创业者。

他在2005年从美国回到北京，创办了分类信息网站赶集网（后文简称“赶集”）。2015年，“赶集”同它最大的竞争对手58同城（后文简称“58”）合并。合并时，市场给“赶集”的估值超过了30亿美元。

这起合并也是当年中国互联网领域几起最重要的合并案之一。其他在2015年合并的公司包括网约车公司滴滴和快的、在线旅游公司携程和去哪儿，以及生活服务平台美团和大众点评。

杨浩涌经历了那个10年（2005—2015年）典型的创业周期：疯狂融资、大量投放广告、烧钱补贴、线下推广，然后同最大的竞争对手合并。竞争的惨烈程度和合并前后的戏剧性，也让他成为中国最著名的创业者之一。

两家公司合并后的半年左右，杨浩涌辞去了公司联席CEO的职务，然后开始新一轮创业。这一次他选择的赛道是汽车交易。“瓜子”的广告迅速铺满了电梯屏幕和路牌，用一句“没有中间商赚差价”宣告一个新玩家的到来。之后，2017 年，在“瓜子”的基础上，杨浩涌又成立了新车零售品牌毛豆新车（后文简称“毛豆”）。

在“瓜子”和“毛豆”之上，是一家集团公司车好多。除了新车和二手车交易之外，车好多的业务也包括汽车后服务，如车辆的维修保养，以及跟汽车相关的金融①、保险服务。

在 2019 年的 D 轮融资之后，车好多的估值就已经超过了 90 亿美元，成为中国估值最高的创业公司之一。这是资本对杨浩涌再次创业的认可。

不过，杨浩涌和车好多也争议缠身。

一方面，这跟他犀利的创业打法有关。这套打法就是闪电式扩张。

曾经有人评价说，杨浩涌进入到哪个行业，哪个行业就会变得腥风血雨。因为他的典型做法是，凭借资本优势，大规模投放广告、获取用户，由此获得公司的高速增长，进而逼迫整个行业都要跟上他的速度。这就难免会引发激烈的竞争，而竞争中自然难免会产生抱怨。

另一方面，这跟他进入的行业有关。

杨浩涌是一个曾经在互联网行业证明了自己的创业者，但是，他第二次创业的领域要更加复杂，涉及大量的线下业务以

---

① 指的是“瓜子”和“毛豆”为消费者提供的分期购车服务。

及相对漫长的交易流程。这会同时带来两个问题：需要更多的钱和更多的试错。每一次拿到更多的钱，每一次进行新的路径的调整，自然都会带来一些质疑的声音。这些质疑声包括公司是否能建立有效的离开资本输血后仍可持续的商业模式，以及他的打法是否正确。

当然，杨浩涌给出的回答只能是：他仍然活跃在这个市场上。

除了创业者的身份之外，杨浩涌同时也是风险投资基金山行资本的创始合伙人。这家风险投资基金投资过的公司至少包括两家明星公司：已经上市的造车企业理想汽车，以及在线教育领域的小巨头猿辅导。

我在 2018 年和 2020 年先后跟杨浩涌长谈过 4 次，有幸听他在每个阶段总结上一阶段和正在经历的阶段的打法。这些打法中，有些今天来看其实已经应验，有些正在发生，或者进行了新的调整。

看完这 4 次谈话，我相信，你就可以看到一个经验丰富的创业者，在不同阶段是如何拆解一道道复杂命题的。

2018 年 4 月访谈

日期：4 月 30 日

地点：北京上地软件园八维教育科技楼

杨浩涌非常放松。事后看来，这是他第二次创业正得心应手的时刻，他在第一次创业中积累的信用和经验正在发挥作用。

杨浩涌非常放松。事后看来，这是他第二次创业正得心应手的时刻，他在第一次创业中积累的信用和经验正在发挥作用。

首先是资本的认可。从杨浩涌决定做二手车业务以来，融资对他来说似乎就不是个问题。按照公开报道，2016 年的 A 轮，他拿到了超过 2.5 亿美元的融资；2017 年的 B 轮和 B+ 轮拿到了近 6 亿美元的融资；2018 年的 C 轮和 C+ 轮则拿到了 9.8 亿美元的融资。

其次是杨浩涌在打法上的驾轻就熟。通过投放广告，他迅速地让“瓜子”这个新玩家成为一个强势的品牌。在铺天盖地的广告背后，是他的一套成熟的创业打法。这套打法的核心是两个字：势能。

简单总结一下就是：通过大量投入快速把品牌和用户规模做起来，然后以赛道上头部公司的地位去市场上拿到远超竞争对手的钱，以此吸引优秀的团队，进一步把品牌和用户规模做大，再去扩大资本和团队上的优势。他用巴菲特“滚雪球”的说法来举例：雪球越大，粘到雪球上的雪就越多，结果就是你的雪球会更大……

在这次访谈中，我们从杨浩涌欣赏的 CEO 谈起，谈到了他如何构建公司的护城河。他把自己的护城河分为三层：第一层是线下的组织和管理；第二层是品牌；第三层是数据和算法。他认为，就是因为这三层护城河的存在，即使是与美团、滴滴这样的小巨头竞争，公司也能有一定的缓冲。

然后，杨浩涌仔细讲解了从 2015 年开始关注二手车交易以来，他是怎样一步步推演二手车电商领域的竞争走势，并把自己的打法付诸实践的。

此外，他也谈到了为什么会选择二次创业，以及为什么会选中二手车交易这个领域。

最佳 CEO

李翔：你是一个 CEO，站在你的角度看，如果要选一个最佳 CEO 的话，你会选谁？

杨浩涌：有几个，不止一个，而且我觉得大家觉得好的都会重合。

我自己觉得，可能每类商业模式都有一个最适合的人。他就适合这个商业模式，又在这个领域里面不断成长，他就会变得特别强。

像苹果是产品驱动的，乔布斯是典型的大产品经理。腾讯也是一个产品驱动的公司，它的产品就会很好。亚马逊是做电商的，它的整个生态、成本控制和战略上的一些布局都是按电商的逻辑来的——其实在某些角度，在战略布局上，我觉得我们做的事跟贝佐斯是有一些共性在里面的。

没有哪个企业文化最好，没有什么样的 CEO 是最好的，只有最适合的：最适合他，他也在这个领域里，又有足够强的学习能力的话，就会越来越强。

我最喜欢什么样的 CEO？其实我在不同阶段是不一样的。

最早的时候，我看乔布斯特别多，也特别迷恋他的一些产品，这个人又比较戏剧化。因为做“赶集”时相对单纯一些，它是一个信息流的展示，做品牌营销、卖广告，然后线下地推做销售，是这样的一个模式。

企业慢慢往后发展，想得会更多一些。现在我们做二手车，其实我一直觉得我们在一个大的跑道里面。在这个跑道里，你的对手可能之前根本不是干这个的，突然就开始跟你竞争了。我一方面要把自己做好，另一方面要把头抬起来去看周边，分析竞争。

后者会更重要一些，而不是在一个小的跑道里面，专注把自己做好就够了。所以我会想很多逻辑。比如最近看亚马逊多一些，就在想，它为什么不做这件事情，为什么先是自己做，然后对外开放，这些大的逻辑是什么，包括它为什么说自由现金流[①]是重要的指标。这些东西看得多的话，你会觉得这些人真的很厉害。

上一轮融资，DST 投我们。我见尤里·米尔纳（Yuri Milner）[②]时，他也问我同样的问题：你最喜欢的 CEO 是谁？我当时就说，贝佐斯是我很喜欢的 CEO 中的一个。他就说，你让

① 自由现金流是指企业经营活动产生的现金流量扣除资本性支出（Capital Expenditures，CE）的差额，它可以用来衡量企业实际持有的能够回报股东的现金。指在不危及公司生存与发展的前提下可供分配给股东和债权人的最大现金额。

② 全球最知名的投资人之一，他创立了投资公司 Digital Sky Technologies（简称 DST），投资过脸书、京东、小米等公司。

我投进来，我就介绍你跟他认识。

李翔：见了吗？

杨浩涌：还没见。这是开玩笑，但是他问了同样的问题。

他问我为什么，我说贝佐斯思考的永远不是眼前，他想得非常长期，而且他其实不太在乎投资人怎么想，10 年亏钱都可以。我在上市公司待过，作为一个经历过这些事情的人，我知道上市公司的压力有多大。包括跟“58”竞争的时候，我们其实某种程度上利用它上了市，利用市场给它的压力，我们才有机会翻过身来。所以从这一点来说，我很尊重这样的创业者，10 年里都不被投资人左右。

贝佐斯是，反正我拿了钱持续用作投资，我有我的逻辑。最后让投资人跟着他的思维去想，甚至去理解他，然后留下的投资者其实都认同他的理念，他的股价反而就上去了。通过这种方式，他就跟董事会选人一样，找到了一些支持自己的投资人，跟着他长期走。当时我说，这个人非常长线，有梦想，想做伟大的事情。

李翔：我对贝佐斯其实有一个特别大的好奇，他到底是怎么管理投资者的？到底是怎么管理资本市场的？因为从结果看，他确实管理得非常成功。

杨浩涌：这个其实很容易，就跟董事会筛选人一样，跟你理念一样的人就进来。我说得再直接一点，其实是一种价格杠杆，认同我理念的留下来，不认同、不看好，卖股票就好了。

李翔：但大部分情况下，投资人如果都卖掉了，你的股价就会跌得一塌糊涂。

杨浩涌：一定会有这个阶段。就跟你刚做一家公司，要去筛选同事一样，认同艰苦奋斗的、每天加班很晚的都留下来，那肯定会有大批流失，但这是阶段性的。选投资人也是一样。假设开始时只有 1/3 的人留下来，但你对未来进来的人把话说清楚了，要做好长期亏钱的准备，我不会长期盈利的，在这种情况下，留下来的股东才是认同你的。

李翔：有一个反向筛选的过程。

杨浩涌：是反向筛选的过程。我觉得这是阵痛，而它早就过了那个阶段。

李翔：之前我看过一个记者采访贝佐斯的记录，访到最后贝佐斯说，你这个记者很有意思。记者问怎么了，他说，你为什么从来不问我什么时候盈利呢?

杨浩涌：反向筛选成功了。

李翔：对。其实我问这个问题，是因为几年前跟王兴吃饭，大家那个时候都在谈小米，很多人会质疑小米，认为它可能会有各种各样的问题，但是王兴就认为雷军特别厉害。他说，就好像评选最佳球员一样，有球迷投票评选的，也有球员评选的。如果球迷投票，可能雷军不是最佳 CEO，但是我作为 CEO，认为雷军是最佳 CEO。

杨浩涌：是的。可能我们这拨创业者，或者像我这样二次创业的人，对于公司估值多少或者融了多少钱没那么激动，目标也会更纯粹一些。毕竟创了 10 年业，经历过这些事情，包括跟资本有些博弈，很多事情相对会看淡一些。

我反而对更深层次的东西想得多一些。我不认为“瓜子”有一天做到 100 亿、200 亿，甚至 500 亿就多牛了。更多的是，你在这个行业里面真的有一个很创新的商业模式，能够对这个行业产生影响。我说得可能挺虚的，别人觉得好像挺假的，但我自己是发自内心在想这个事情。

还有，我们的护城河在哪里？其实这些是我们团队内部经常讨论的。尤其是护城河，在过去两年的场景里面越来越常被我们提到。这跟我们所处的领域有关，也包括现在市场上的现象——两个小巨头之间的竞争，小巨头和大巨头之间的竞争，相互进到对方的领域去竞争。我觉得这个将来会是常态。

我们也看了历史上跑到过 100 亿美元以上公司。有的上去以后，护城河不好，下来了；有的上去之后就站住了，继续往上走。这些都是我们长期在讨论的。

我觉得从某些角度来说，贝佐斯和巴菲特蛮像的，始终在想护城河在哪里。你护城河浅，就不要怪别人进来打你；护城河足够深，别人就不会过来。这是我们想得比较多的。

二手车行业的壁垒

李翔： 你做的这个领域也是不断有人进来，包括罗敏也要做一个卖新车的品牌[①]，甚至可能滴滴、神州也会做。这个领域到底有没有壁垒？

杨浩涌： 你指二手车还是新车？

李翔： 包括二手车，也包括新车。你们不是也做新车嘛。

杨浩涌： 嗯。我们比较倾向于从用户的角度去想这个问题。去年年初，那一轮大概 30 亿美元估值的时候，我们被投资人问了两个问题，第一个就是关于这个市场的。

因为当时我们也在融资，优信也在融资，大家的估值差不多，市场上的竞争很激烈。很多人就同时在看，到底选择哪一家好。那个时候投资人问的其实是，你跟优信谁能跑出来。或者他们问的是，美国的 B2C 比 C2C[②] 要大，为什么你们觉得自

---

① 指的是 2018 年 1 月，刚上市没多久的趣店发布了一个销售新车的品牌大白汽车。

② B2C 和 C2C 是二手车电商交易的两种模式。B2C 主张与传统车商合作；C2C 主打“去中间商”（绕过车商），让买家和卖家直接进行交易。

己是老大呢？优信肯定说他们是老大。还是到底谁会胜出的问题。[①]

第二个问题是，二手车里面电商会占多少比例，在电商的比例里面我们又能占多少。投资人用这个来算我们的天花板。

这两个问题可能到这次融资的时候被比较好地解决了。第一，数字体现出来了。说实话，我们赢了他们两倍多，估值也体现出来了。

我当时也是这么回答的。我说，我们在做一件事情时，包括之前做 C2C 是比较轻的，最近开始开线下店，做比较重的，但我们内心没有这些纠结。我们不会觉得做这种公司就该怎么样，更多是从消费者的角度看。

我自己总结过两句话。第一句，任何一个伟大的商业模式都是要提升行业效率的。第二句，消费者要因此而受益。这两件事都做到了，你就有你的护城河。

我认为二手车这个行业是效率至上的。就是如果你效率最高，你就能给卖车的人提供最好的价格。对买车的人也是一样，如果我的效率最高，我可以不挣服务费。当你在市场上效

---

① 优信也是一家二手车销售平台，2018 年 6 月底公开上市。后来的市场发展证明了杨浩涌在这次访谈中的一些判断。优信目前的市值已经从上市时的 30 亿美元左右，缩水至 3 亿美元左右。而另一家二手车交易平台人人车，也在 2020 年 10 月份传出被“58”以极低的价格收购。

率最高的时候，消费者其实根本就不会在乎 B2C、C2B 这些东西。

消费者在乎的第一个是，我卖车给你，你给钱吗？你肯定给钱吗？C2C 是有不确定性的，因为永远存在报价太高买车的人不接受的问题，或者车比较冷门，成交不了的情况。

第二就是你给多少钱，你比车商给得高吗？消费者卖车的时候，不管你是大葱还是“瓜子”，他都会试试，因为这是好几万块钱的事情，谁给的价格高，他就跟谁走。从本质上说，就是我们做这个行业模式能不能给卖车人提供一个更好的价值。

最后我们想象一个场景，市场上竞争超级激烈的时候，不管你收几个点的服务费，总会有人不断来挑战你。他们少收一个点服务费，是不是能把你冲垮？反过来说，另一边对手的缺点就是做得相对轻，价格不是他定的，而是车商，他只是提供一个用户导流选择车型的服务[①]。

那我们就按照自己的逻辑走。我们现在做严选业务。你看到我们的广告也在做线下，其实就是之前 C2C 的一个升级。C2C 把我们的体量拉到一个程度，到去年年底，C2C 打了 10 多

① 指的是跟传统车商相对的，早期的二手车互联网交易平台，只是撮合交易。这里杨浩涌的意思是，这两种模式在激烈的竞争下其实都存在弱点，一个是可以被价格战打垮，另一个是服务的确定性不好。

个亿的广告，账也是算得过来的，是有机会盈利的，这个是向投资人证明了的。

在这个基础上，我们给自己做了一个升级。升级的本质是，我们要给卖车人搞到钱。车商干什么，我们也干什么，它报价收车，我们也报价收车。如果大概率我的出价比它高，那未来这个市场里面所有卖车人都愿意把车卖给我，这是最基础的逻辑。

这里面的做法就是，我不断地提升效率，报价更高。我的价格是算法算出来的，要考虑很多模型，包括匹配效率、资金占用效率、场地等费用，最后才决定报价。效率越高，价格对买家、卖家就越有竞争力。这是我们最底层的逻辑。

从这个角度来说，我认为我们是有护城河的，它来自三块。第一块是前端我们的服务，我们现在有规模化的线下团队在近200个城市，服务能力消费者是看得见的。即使阿里要做，也要搭一个规模化的线下团队。这是第一条护城河。

第二块是品牌。买卖二手车的用户品牌力是我们过去两年持续做的，数据还不错，我们每个季度都会请外面的公司看一下。在品牌里面有个最高指标，叫“无提示第一提及”。这个怎么解释呢？我就问你，搜索你会想到谁？

李翔：国内肯定是百度。

杨浩涌：我想 10 个人有 9 个都会说百度，这是我没有提示你，你说出来的那个名字。第二个可能是搜狗，第三个可能是搜搜。你用这个标准去衡量品牌在消费者心目中的地位，百度就等于搜索。购物你会想到谁？旅游你会想到谁？我觉得伟大的公司都是跟一个品类画了等号的。

我们的调研显示，10 个人去买二手车，9.5 个人知道“瓜子”，5 个人首先想到“瓜子”，“瓜子”的无提示第一提及达到了 50%。这是一个第三方公司的数据。持续再往下投，三五年或者更长时间，我们可能能到百分之八九十。这是第二条护城河。一旦这个形成了，哪怕对方跟你的体验差不多，也无济于事。就跟今天的百度一样，你做个一模一样的百度都打不倒它。

第三块是我们的数据，它是更深层次的一个护城河。我们规模化的线下团队，阿里、腾讯可能觉得好重、比较麻烦，但对滴滴、美团这样的公司来说不是事儿。大家都有管理能力的时候，怎么让这个战争不是低级战争？我觉得靠资本打赢的战争都是低级的，现在市场上其实有很多低级战争。

李翔：靠资本打赢的？

杨浩涌：我自己有一个说法，资本挑起的战争，资本会结束它的。就是我出钱来打这场仗，就会选择用自己的方式把它结束掉。我们（“赶集”）跟“58”合并也是一样。包括最近的这些外卖公司，其实都很像。

资本挑起战争的原因是什么呢？就是你无法在用户端产生差异化的竞争。

视频网站也一样。如果内容决定你的用户，你最后发现赢家就是钱最多的，就是 BAT，然后就没了，因为它后面是资本驱动的。你要想内容差异化，就得花钱买。这是一个典型的资本挑起的战争。共享单车也是一样，就是补贴。

护城河的深浅，决定它是不是一个资本挑起的战争。这样的战争，其实就是公司没有护城河，要靠资本才能赢。我们融到 8 亿、10 亿美元，其实在一个大的广度、大的市场里面，这不是核心竞争力，不是很深的护城河。甚至线下团队也不是一个很深的护城河。

前端的服务，我觉得是浅一些的护城河。品牌是更深一点的。你一旦有了先发优势，掌握了自己的势能，可能对手攻你的时候会更辛苦一点。更深层次的，就是我们谈到的，能够基于现有的交易量建立数据的护城河，比对手效率更高，最终体现在用户体验上会更好。这是最深层次的护城河。

这是我们的护城河，从最前端到中层到后面，我们要不断去做这些事情。

最深层的护城河体现在什么地方呢？就是因为我们的效率在不断提高，所以我们可以有很多车型，可以报价比其他人要好。

李翔：就是说它不靠补贴，而是完全靠效率？

杨浩涌：不靠补贴，就靠效率。我的获客成本低，我的匹配效率高，我还能做异地调动。我们看到北京的车跟内蒙古的车差价 1 万块钱，就会把北京的车拉到内蒙古做销售，这样对卖家和买家都会更好，这是我们的逻辑。

不断做这些效率提升的事情，有一天会出现什么情况呢？这辆车，你报到 7.8 万就不能再报了，再报要亏了，而我们出到 8.2 万，系统说还是可以赚钱的，因为我们是算法出价的。

我可以说一下我们算法的逻辑。在做 C2C，每辆车成交的时候，我们的算法会预测出这辆车在平台上以什么样的价格、什么样的概率和几天时间售出。有这样的几个因素绑在一起，去预测这辆车的情况。所以我们将来越大，它会越准，这是一个典型的机器学习的过程。

机器学习就是我把这些参数，比如车的检测情况、有没有天窗、颜色等输入进去，系统会预测出一个价格，成交以后再回馈一个成交价格回来。如果不准，就会再调，不停地优化学习。因为你不知道有没有天窗、车是什么颜色会对车价产生什么具体的影响。

我举个例子，在浙江福建那边，标致车不好卖，在四川就好卖，这是我们在数据上看见的。开始不知道为什么，后来发现是因为按照当地话念，“标致”就是“婊子”。这就是数据发现的，然后它根据这些因素去调整价格。

传统的人，很难赶得上数据的能力。算法一开始是 PK 不过传统老师傅的，但是跑得时间长了之后，算法会越来越好，会比一个干了 5 年、10 年的老师傅都要准。我们现在跑了 3 个月，就完善到了这个程度。老师傅相当于 AlphaGo（阿尔法围棋）面向的一段、两段的选手，我们现在可能在三段，还远远没有到更高的阶段。

它是一个加速学习成长的过程，成交量越大，数据越全，就学得越快。所以我们保卖的商业模式完全是数据驱动的。一辆车，评估师完成 259 项检测以后，系统就会弹出一个价格，然后我们报给消费者。消费者要觉得行，我们就把车拿了。

这可能是大数据在一个行业里面最大的应用之一。红杉[①]一直认为我们是大数据公司。但很多大数据还处在理念阶段，而在 12 月份，我们就动用了 10 亿资金在市场上收车，这个东西如果算不准就要亏钱。我们是承诺一定周期内售出的。

李翔：先买下来再卖掉，会积压资金吗？

杨浩涌：一定周期内不能售出，我们就按照零售的逻辑快速处置掉。我们先给消费者（指卖车的用户）付 70%。一定周

---

① 即红杉资本，红杉资本是一家于 1972 年在美国硅谷成立的投资机构，曾投资过苹果、谷歌、雅虎、领英、京东商城、阿里巴巴、新浪等众多公司。

期之内成交了，就付剩下的 30%；不成交，就会把价格降下来，我就会亏钱。一辆车，如果算不准，亏 1 万、2 万是很正常的。最终整体收益要超过亏损，再加上房租均摊等，有一整套的东西要去算。

这个模型，从最早我们敢收的只有几百辆车，到后来一点点迅速成长。到 12 月份，我们在全国收了 1.5 万辆车，200 个城市，动了差不多 10 亿资金，然后 9 天之内都卖掉了。CarMax（全球最大的二手车零售商）大概是 30 ~ 45 天。这是全球最高效的、最大的连锁公司的效率。

这个模式在不断迭代。数据在不断地驱动和演进，让你的能力越来越强。因为我有品牌，我的获客成本比别人低，用户会第一个想到我，就算同时看到两个广告，也会先用我，这些东西都会导致我的效率更高。有了这些东西，我刚才说的那个情况就出现了。就是你报 7.8 万就不能再报了，因为要亏钱，但是我可以报到更高。这个时候，一两个点的服务费是没有用的（指通过降低服务费来打价格战没有用了）。

这是长期的三条护城河，前端是服务，中间是品牌，后端是数据。可能未来大的领域，只要是比较重的商业模式，都是这三条护城河去支撑企业不断往前走。

其实我觉得资本是比前面说的更浅的护城河，然后才能到服务、到品牌，再往下走。

我们在去年八九月份启动新车这个项目（指“毛豆”）的时候，就在问自己，如果做这个生意——因为新车也是一个很大的跑道，要么大成，要么不成——有一天苏宁、京东、淘宝也做这个事，我们的护城河在哪里？我们不想让自己变成一个小白鼠，实验好了，模式跑通了，然后淘宝说，这事挺好，我来砸钱吧。京东说，你的这些线下店对我是小儿科，我的物流也有线下。苏宁说，我还有银行呢！这样的话，我们的护城河在哪里？这其实是我们立项之前讨论很久的。

最后我们为什么敢做呢？第一就是看到了协同效应，我们前 1000 辆车都是“瓜子”用户买的。

“瓜子”的这些用户有买新车的需求。我们观察到，在我们二手车的网站和 App 上，用户经常是先点价格再看车型。买二手车的人的诉求是，我有 10 万块钱的预算，我要买什么车？新车也是选择之一。这样的协同是我们的一个优势，但是还不够。

我们其实认为自己做的是租赁市场，就是 4 年后，你这个车还可以给我。这在美国很流行，也让我们跟 4S 店差异开。我们认为，在未来，车的拥有权肯定会越来越弱，用户会选择租一辆车——我每个月付你钱，一年之后把车还给你，维修也不想管，只是租赁。这样的服务在美国占到销量的百分之三四十。

那他把车还给你的时候，二手车是以什么价格来处置呢？

你自己把它处置掉吗？如果二手车能卖掉，还能赚一笔钱。这其实变成非常重要的一个核心竞争力。

核心竞争力来自哪里？我认为是三块。前端新车的价格减掉二手车处置的价格，中间的差价再加上我的利润，就是消费者付出的价格，所以有三个事情决定你的竞争力。第一，前端新车的价格跟规模相关，倒推过来，我们必须在第一梯队，坚决不能掉到第二梯队。对手采 1 万辆，你只能采 2000 辆，你就失去了价格优势。所以我们要坚定地跑到第一梯队，在第一梯队，价格优势就有了。

第二个是运营效率，包括建仓、品牌获客、整个周转以及交付的效率。因为车是一个重资产，30 天交车跟 14 天交车，资金的使用效率不一样。传统的电商讲仓储、库存、物流，这些效率我们叫内控。我们认为任何一个牛逼的创业者，能在这个市场上进入前三名，大家的内控应该都是差不多的。

第三个就是刚才说的二手车的价格，这要看你是导给车商做，还是自己做。

看到这些以后，我就觉得自己好像是有优势的，而且我有 100 辆新车，将来就有 100 辆二手车可以卖，因为这些车几年之后又回来了。

所以现在反过来，我就回答你，我怎么看一些新出现的汽车销售平台。我认为它们具备的能力，有一天苏宁来做，没有任何一项是苏宁完全没有的。苏宁没做的原因是他们还没有看清，还没有跑通。

这是我们去看进不进这个行业，以及我们的竞争优势是什么的角度。否则今天你在一个大的跑道里面，很容易就陷入资本战。资本战是很痛苦的。说实话，创业者其实是被资本左右的，你的话语权、你的很多东西慢慢就丢失掉了……

李翔：这是令你痛苦的体验。

杨浩涌：对。回到我的观点，如果这个战争是资本挑起来的，资本会结束它的。

让消费者获益

李翔：我相信，行业外的很多人看你们，会认为资本在里面扮演了很重要的角色。

杨浩涌：因为我们这个盘子大，资本肯定会进来。毫无疑问，资本在每个创业领域都扮演了特别重要的角色。好的资本跟人才梯队的建设、跟战略，应该是一个三角，相互推动往前走。一个好，另外两个跟着都好；另外两个好，这个也会好。你把它利用好，它对你肯定是加速的作用。

比如我们现在的广告攻势，都是在执行战术层面上利用资本建立的优势。资本是去建立更大优势的一个方式。因为我融10亿、你融2亿的时候，我肯定是压着你打的。压着你打让我规模更大，然后我会拿更多的钱继续打。这是战术层面必须要操作的。

商战里面，我们的第一原则是兵力原则，资本就是兵力很重要的一部分。在军事史上，常胜将军为什么是常胜将军？因为他经常打“二打一”“三打一”的仗，所以他就是常胜将军。那些奇袭为什么是经典呢？是因为太少见了。

李翔：是低概率事件。

杨浩涌：对，低概率事件。所以你要把这些想清楚，不要老想着奇袭，做差异化、做创新。通过产品来突破是好，但是你在商业里面，追求最大化盈利的时候，要遵循兵力原则，要这样去看。

所以我刚才说，我们融很多钱去压着对手，这是肯定要做的。任何一个公司都会用这个东西去做。但资本不要变成你唯一的核心竞争力，对手也拿 10 个亿，你就被它打掉了。比如我们跟人人车交战的时候是资本战，那我跟阿里打、跟美团打、跟滴滴打的时候呢？就不是了。[①]

如果这是一个浅层次的资本战，那你就很痛苦了。滴滴、美团这样的公司会觉得，我砸个 20 亿美元就能进来。你看现在的很多商战就是这样，不管是共享单车还是外卖的竞争，一补贴就进来了。

李翔：你说的这些陷入资本战的 CEO，其实他们自己也能意识到这些问题。

杨浩涌：对，但是没有办法，它在模式上没有壁垒。

李翔：你刚才讲的“瓜子”的壁垒，服务、品牌、数据，其实滴滴也可以这么讲。

---

① 指必须依赖其他能力，因为阿里、美团、滴滴不是普通的创业公司，没法让杨浩涌这样的明星创业者用资本优势来竞争。

杨浩涌：可能吧，要看消费者怎么看了。

李翔：对。

杨浩涌：我觉得永远要从用户的角度想这个事情。我不管任何壁垒，就从一个买家、从一个打车人的角度看，是不是这些东西让我受益了？如果所有算法只是让你本身的效率提升了，消费者没有因此而受益，我觉得就是一个问题。

我刚才说了两个问题，第一提升行业效率，第二让消费者因此而受益，这两个是绑在一起的。无论哪家公司、什么模式，如果你只是让自己挣更多的钱，消费者没有受益，那不是护城河。

李翔：在进入这个行业之前，你是已经比较深入地了解了这个行业，知道自己可能建立起一个护城河、避免被资本绑架的吗?

杨浩涌：说实话，2016 年，只看到了第一条和第二条。做着做着，我们看到了第三条，就是如何让你的竞争力体现在消费者的终端体验上。

网络效应

李翔：数据和算法能够成为你们很重要的护城河，但对摩拜这样的公司就很难，这是什么原因呢？是因为你们的数据具有某种垄断性吗？

杨浩涌：它有一个正向循环。我们在很多城市的市占率已经到了20%、30%，甚至有的城市到了40%——我指的是整个二手车的销售，不是线上的。它是有网络效应的，一个卖车的人因为你收车价更好，愿意把车销售给你，所以你的量更大。量更大，会吸引更多的买家过来。

你想建立那样的数据很难，因为你没有这些交易。而且这些数据是跟规模相关的，你没有那个规模，就没有数据，没有数据，你在市场上收车的能力就不够强。

仗怎么打，我们看得很清楚，关键就是网络效应。

怎么解释呢？一头大导致另一头也会大，这叫双边效应①。典型的是，我们的车越多，买家越多；买家越多，车就越多。

---

① 双边效应是网络效应的一种，简单而言，即平台上一方的增加，会让另一方获益增加，从而导致另一方的数量也增加。

再比如滴滴，一方面是司机，一方面是用户，理论上它提供的车越多，打车的体验更好，就会有更多的人愿意打它的车。但这里面还有一个重要的因素就是价格，包括外卖，也是一样的。

因为有网络效应，在竞争中，要看你有没有办法让一头更固定一些。固定一些之后，现在一头的体验跟对手一样，在另一头你就可以拉量，把量拉起来。打车就是这样的，我先把司机这头绑住，确保有足够运力的时候，用户来了的体验就是一样的。这时就看你能不能形成差异化的体验了。

如果对手能制造出一种同质化的体验，那就会出现资本战了。唯一能让用户切换的就是价格。当然，如果司机的量永远是对手的 1/10，那你是打不赢的，因为用户打不着车，你再便宜也很难打赢。

你怎么让一个战争变得简单呢？就是让双边变成单边。举个例子，跟美团怎么打仗。我要在一个城市跟它 PK 的话，我先做什么呢？我先把美团在这个城市 30% 的头部商户扫进来——我相信应该是个二八法则，就是 20% 的商户占 80% 的销量——先确保用户 90% 的体验是同质化的。然后开始考虑用户。用户就会说，我上这个网站跟那个网站差不多，商家也差不多，然后这家更便宜。

李翔：你指的是外卖？

杨浩涌：打车也是一样，我先把司机圈进来，圈进来以后拉用户。它的本质是，你要让消费者觉得这两家的体验是差不多的。

我们当时跟“58”那场仗为什么永无止境？就是因为在用户体验上形不成差异化，所以必须要用资本。你上“58”和“赶集”找房子，两边的帖子差不多；找搬家公司，其实用户找个三五家就够了，我们上面有几百家。上两个网站，用户体验形不成任何差异。当初分类信息网站就是这种现象。

去哪儿和携程打仗，如果酒店是同质化的，就会陷入用户觉得谁便宜就会往谁那儿走的问题。外卖市场、打车市场也是一样的。当然，我们的假设是，两个团队的执行力是一样的。

李翔：但是我理解，二手车市场也有同样的问题。你的效率可能比我高一点点，但是我完全用资本的方法去补贴，先把用户拉过来，也是两端，我先把一端拉过来。

杨浩涌：如果我把差距拉到 5000 块钱，那你一辆车就得补贴 5000。我们现在一个月的销量是几万辆，那你最多每个月可能补几个亿。我不亏钱，你要亏几个亿。护城河永远是有深度的，它不可能无限制深下去。①

车是一个非标商品，你观察买家卖家讨价还价，都是以千

---

① 护城河无限制深下去，公司就永远无法被竞争对手威胁。理论上不会存在这种护城河和商业模式。

为单位。我们现在收 4 个点的服务费，2000 多块钱，在还价中早就被忽略掉了。所以对手降 1 个点的服务费不会对我们有任何影响。它不是消费者之前打车 50 块钱，现在变成 10 块钱那种。你的补贴占比太小了。对于像打车、外卖这样的交易而言，你的补贴可能占到客单价的 20%、30%，或者 50% 以上。在我们这里，我们总共才收 4 个点，这个补贴是可以忽略不计的。真要补贴，补贴不起。①

李翔：如果一个玩家能迅速把二手车的供给端通过补贴固定住，会不会进入一个数据、算法、效率的正向循环？

杨浩涌：它不是固定的。司机你永远可以找得到，市场上那么多司机，你找到他，说服他。外卖的商户也是固定的，所以你找到他，把他的需求搞定，固定下来，就可以做补贴把用户拉回来。但我们的卖家每个月都是不一样的。可能我们为了这几万辆的交易，在市场上检测了 30 万辆的车。作为竞争对手，你要找到这 30 万客户跟他说，我给你 5000 块钱，你来我们这儿卖吧，这个难度是大很多的。

---

① 简单而言，杨浩涌指的是，你必须通过非常高的金额的补贴，才能让用户形成真实的补贴体感。举个例子，同样是补贴 50 块，对于打车和外卖而言，已经是交易金额的很大一部分比例，打了很高的折扣，但是对于车和房这样的高价格商品而言，消费者就是没有体感的，不会认为你在补贴或打折。

我不是说我一定会怎么样，从企业的角度来说，我只是说我们的难度比他们更高一些，要固定住这些卖家，把他们给锁定，相对难一些。

最终还是看你能不能形成差异化。做不到差异化，那就只能补贴了，用价格来解决问题。视频网站为什么打到最后变成巨头游戏了，因为差异化体验来自内容，内容来自资本。

护城河的层次

李翔：你刚才讲，你进入这个行业之前没有看到过最深层次的数据跟算法，是进来之后才看到的。

杨浩涌：对，我们之前在“赶集”积累的优势也是前两个，擅长的也是前两块。

李翔：前两块是资本比较容易抹平的吗?

杨浩涌：团队执行力强，也可以做到。我们之前也打过营销仗。所以品牌的优势和前端服务的能力，可能是我之前带进来的一些东西。可能我们这个团队在执行力层面上不比其他的团队差。在这个层面，我们已经可以敲掉市场上相对比较弱的对手了。

但当你面临一个对手，这两个能力都不比你差的时候，你是不是还有更深层次的东西？它是一个不断迭代和递进的过程，可能你有第一个，也赢了；你有第一个和第二个，赢的概率更大；你有第三个，那护城河就更深了。所以我说护城河永远不是一条，你可以不断地建。有可能再过两年，我们又找到更深层次的护城河了。我们现在在建店，会在北京建一个规模非常大的店。

李翔：在哪儿？

杨浩涌：在898。刚刚选的址，里面会有同时在售的近千辆车。

李翔：二手车和新车都有吗？

杨浩涌：主要是二手车。买家的体验是超级棒的。你可以想象自己进入一家有近千辆车的卖场，让你去挑去选，还有网站。建了这么大的一个线下卖场的时候，我的护城河又深了一层。

不是说建了这三条护城河，就谁也攻不破了。但是当我建得越来越深……比如今天，你要去问王慧文、王兴（美团的两位创始人），他们会说，哎呀，那个我不碰。因为“瓜子”要建好多店，又花了好多钱在买车上，买了一大堆东西。不仅仅是规模化的线下团队，不仅仅是每年10个亿的广告。他们觉得前两个事咬咬牙，没准儿也干了。但要是说这个公司每个月花20亿在市场上用算法收车，是不是听着脑袋有点大？

李翔：外面的人应该只能看到收车，不知道算法。

杨浩涌：他看不到，他会说怎么收呢？这些车卖不掉怎么办？收了10万辆车卖不掉怎么办？我们1个月周转3次，有一两百亿的资金要占用。如果卖不掉全烂在手上，你可以承受吗？到最后就是说，算了，不打了，何必呢？

市场上有一大堆领域，我可以在第一、第二阶段就结束战斗的，用我的执行力就可以把对手敲掉，为什么要去打这个呢？

商战跟战争很像，永远是拣软柿子捏。我不是说护城河永远不可攻破，这是不成立的。

李翔：护城河的这种纵深感，比如第三个层次，你觉得是因为你运气好，这个行业刚好能到第三层次，还是说只要 CEO 能力在这里，去干单车、打车、外卖，总有一天能够找到这个东西？

杨浩涌：我觉得它不是绝对的，可能有的商业模式就是难一些。我只是说，你做这个，在这个行业里面，又整天想、整天讨论，可能就会好一些。从 2015 年做二手车到现在，至少在我的团队里，无时无刻不在想，如果有一天对手来了，我们怎么办。这是你要去想的问题，然后就会有这些动作。所以我觉得，会有一些差异化的东西，但是不排除某些领域确实挺难的。

李翔：就是有运气，也有自己的勤奋。

杨浩涌：对，这与你所处的行业，你有意识的一些动作，都有关系。我觉得在大跑道里面，团队的执行力、线下地推能力等，应该是基础能力。现在到资本市场去融资，很少有人说我的团队特别强，我有地推能力，我的COO是阿里出来的。别人会说，这难道不是应该的吗？战争已经过了这个阶段了，这是最基础的东西，没有人只是说自己战斗力强。我觉得确实像你说的，要多层次地去想这些问题。而且在这些大的跑道里面，这是非常重要的事情，否则你会永无宁日。

李翔：我刚才问的那个问题，护城河是不是因为CEO本身的能力很强，然后他不断地构建，不断地往前试，就会越来越好？我记得有一次马云说贝佐斯这个人真厉害，我说怎么了，他说他觉得贝佐斯以前的商业模式不行，但是这个人不断地往前做，硬是做出来了。

杨浩涌：而且我觉得现在好的生态出来了。好的生态也是一个护城河，生态相互之间是一个协同。我们最近开始建车后服务的能力了，给每辆车提供维修保养。这在我们平台里面也是平台基础能力的建设，它是服务于新车和二手车的。未来你可能在我这里买一辆车，我还有车后的维修保养等服务，给你一个套餐，比外面便宜，也会让你更多选择我。

所以它是在不断演变的，亚马逊到今天也是一样的。它的价格、云服务、物流的能力，包括它的开放平台，开始做自有品牌，就是不断地在长。你有这个了，那我还有其他的。就像一个大航母，周围还有好多护卫舰，会有一个协同。

李翔：你们提供车后服务的话，会涉及保险的问题吗？

杨浩涌：会。

李翔：你们自己会做？

杨浩涌：对，因为我数据多，也会做个性化的保险服务。它是一个不断积累的过程，最后就是，你有新车，但你没有二手车；你有二手车，但你没有车后服务；你有车后服务，但你没有线下店；你有线下店，但我比你大、选择更多、价格和服务更好。如果你只有资本，那是最弱的。我觉得竞争优势不能只是资本，团队执行力、算法也是，做得更重也是，然后你有协同效应，有生态里的其他成员来支持你也是，所以企业要构建很多的服务。

李翔：所以它变成一个复杂系统了。

杨浩涌：对，最后你靠单点攻不破。就像阿里巴巴，你做电商，它还有支付宝；你有支付宝，它还有物流。如果你只是一个交易系统，你的护城河就很浅。

创业的势能

李翔：兵力原则，我不知道它是不是只有像你这样的明星创业者才会讲的话。如果是一个普通创业者，可能就不会讲兵力原则，而是会讲差异化和创新。

杨浩涌：不是，我给你举个例子。创业的势能是很重要的事情，好的创业者是可以利用势能的，这跟明星创业者没有关系。势能是什么意思呢？我一直觉得在商战里，最好不要打巷战，杀敌一千，自损八百。那是永无止境的，双方陷入了一场相互伤害的战争。所以最重要的事情是，你在进入一个行业时，不应该只看自身的发展，而是同时要把头抬起来，看到市场的格局。

这一点我跟一个创业者也探讨过，他说不用看竞争，看自己的内核就行了。我是觉得这两个视点都很重要，因为竞争决定你的资本，决定你兵力的投入。进入一个市场，不考虑市场上有没有滴滴这样的小巨头，我觉得那也过于理性了。自己的优势是什么，对手的护城河是什么，是不是值得进入，这些东西都要去看。

从这个角度来说，我说的势能是什么意思呢？就像是在有海浪和没海浪的地方划船，有海浪的话，海浪推着你走，你划一下，对手可能就需要划三下，这就是势能。而不是大家拼谁的胳膊粗，那就比较辛苦了，那是拼执行力。最好的就是我胳膊比你粗，但我不跟你拼谁划得快。我划一下子就跑出去 10 米，你划三下才跑了 3 米，因为有浪推着我。这个浪是什么呢？就是势能，它是一个不断叠加的过程。你有好的势能，就会在竞争上取得比较好的优势。

我举个例子，我们跟人人车的竞争。我们是 2015 年年底从“58 赶集”分拆出来的，A 轮融资拿了超过 2.5 亿美元。然后大家就说浩涌是明星创业者，靠刷脸刷来的，拿了钱就开始猛砸。

因为人人车只砸了 5000 万美元，那我的钱是它的 5 倍，这仗好打吗？当然好打。就像我现在资本比它大好多一样，当时 2.5 亿美元对 5000 万美元就是一个很大的势能，因为我可以让 2.5 亿美元不断地转化成对它的渗透。比如在品牌营销上，因为我的量比它大，而且我这个估值可以让我做很多创业者不会做的事情，我会去找到比它更好的团队——这个肯定跟估值相关，好的势能也需要更好的团队把它转化掉。同时我建立品牌优势，建立更大的规模，然后再去拿下一轮融资……这就是在滚雪球，越滚越大。

我的雪球本身比你大，所以我粘的雪就比你多，这就是我说的势能。

但这个事是怎么发生的呢？我们（“赶集”）大概是 2015 年 4 月跟“58”合并的。合并以后，我作为联席 CEO 要负责把我们孵化的项目分拆，先是好租，然后是“瓜子”。

之前我一直对“瓜子”没怎么关注，因为一直跟“58”打仗。当时“58”从信息到服务做了到家，我们也觉得应该从信息到服务，当时看到二手车的数据增长迅猛，同时人人车、Beepi（美国一家互联网二手车平台）都拿到了不错的资金。打完仗以后，我说我去看看人人车到底是怎么回事。

2015 年 8 月的时候，它宣布了一轮融资，如果你现在查的话还能看到，它当时拿了腾讯领投的一轮融资，加在一起大概是 8500 万美元，还有顺为[①] 这些顶级的 VC 给它投钱。

看到这个现象以后，因为我们跟“58”打得比较久（指经验比较多），我就跟团队说，我们要做一个夜行军。什么意思呢？我说，对标一下人人车。人人车当时在十几个城市，我给团队下的目标是一个月之内推到 40 个城市去。当时叫夜行军，就是人人车不知道我们在干什么。

7 月份我看到的情况是，他们一个月成交大概是 300 辆，我们一个月大概是 200 多，两家处在差不多的量级。然后我说

① 指的是顺为资本，这是一家由投资行业和互联网行业资深人士组成的投资机构，雷军是创始人兼董事长。

做夜行军先不要去管效率的事情，人均单产不重要，就先推到40个城市。推到40个城市以后再说。

跟“58”合并后的第一次董事会，我说我要拿一个东西（指向董事会要求资源投入），然后说了一下理由。第一，我的理由是充分的，双方都有切身之痛，没有拉开差距，最后搞得很痛苦，所以要早点结束这个战争。第二，大家第一次开董事会，也需要给对方点面子。

我们先做了8月的夜行军，等9月那波广告打出来以后——中间当然有很多执行，选品牌、选媒体等——我们的月成交大概从200多一下涨到1700多。

李翔：当时你已经决定要做二手车这个事情了吗？

杨浩涌：还没有，那个时候只是一个孵化项目。说实话，那个时候压力是很大的，因为“58赶集”的股价跌得很厉害，刚刚合并以后，整个成本效率是非常差的。你要说没有压力，上市公司钱多，我觉得那是瞎说。

在上市的情况下，这个（指“瓜子”）预算一出来，当季亏损就两三千万美元，股价的压力是超级大的。不能说因为你是明星创业者，你仗着钱多，不是这样的，它有它的压力。

1个多亿广告打出去以后，我们大概从两三百一下子达到了1000多。1000多以后，大概是11月，我出去融资。我说，你不要管我的效率是多少，这些效率我一定能提升起来，因为这是阶段性的问题，大家都相信。

我说我的交易量是它的三四倍，那我出来融资，无论怎么说，它不可能估值比我高。

真正决定去做，大概是 11 月。融资，我拿的钱当然比人人车多。后来人人车醒悟过来，11 月也开始打广告了，我们比它提前 2 个月。它打的时候，我们也跟进，就是它打什么，我们也打什么，基本上差不多，我预算可能比它稍少一点。它的那波广告因为有我在，对它进行了干扰，它的效果不是太好，它从 300 涨到 700，我是 1700。那么我是它的 2 倍多，资本上当然是我拿那 2.5 亿美元。

这其实跟明星创业者没有关系。最后的结果是什么呢？我们在市场上拿了 2.5 亿美元，人人车的后期投资人会担心，“瓜子”拿了这么多钱，你怎么跟它打？你又值不了当时 10 亿美元的估值，我只能给你估个三四亿。估值三四亿的话，你不能也融 2.5 亿，我只能给你投三五千万。我给你三五千万，那你怎么跟人家 2.5 亿打呢？所以它的那轮融资一直拖到第二年六七月才做完。

我们一直在压着它，那个时候就是势能在作战了。再倒推回来，如果我是李健（原人人车 CEO），我 7 月份拿到那笔钱，第二个月就打出去了。

李翔：就是用比较激进的方式。

杨浩涌：打出去了，最后那 2.5 亿美元就是他的。

李翔：其实就是打法上的差异。

杨浩涌：对，是的。所以这个跟是不是明星创业者没有关系。

李翔：你当时的那些决定，包括做夜行军、打广告，是“赶集”时的经验告诉你必须要这么做吗？

杨浩涌：对。我觉得，可能你会认清楚，不是你拼命努力把团队建好，把这些东西建好，最终这个市场就是你的。这让我自己感觉到势能的重要性——就是你创业，尤其是在大跑道里面，不能埋头做。行业里有两个说法，第一个是我们干好自己就行了，不用看对手，这是很多 CEO 讲的；另一个说法就是市场很大，大家都有机会。

第一个是给内部员工讲的，我们干好自己就行了；第二个说市场很大，大家都有机会，这是投资人听到最多的一句话——谈到竞争的时候都说市场非常大，机会比较多。

其实现实不是这样的，因为有势能。六比四的市占率不是稳定状态，七三和八二才是。六比四要么是往平了走，要么就拉开了。

一旦资本拉开了明显的差距，优秀的创业者会将这个资本转化为其他势能，去把局面打开。所以资本是要利用好的。创业者拿到一大堆钱，舍不得花，其实是错的。你要把这笔钱转化成更大的势能，找到更好的团队，投入到市场上去，然后把公司带到下一个阶段，跟对手拉开差距。你是要利用这个大雪球的。

反过来说，可能今天的创业远远不是我做一款好产品，我做好自己，我的增速已经很快了，就可以说我是赢家了。不是这样的，仅仅做好自己是不够的。

另外一句话，市场足够大，都有份额，在互联网领域也是不存在的，因为对方有势能，会把你拉开。不是大家都有份额，最后是八二、九一。

所以在创业的时候，当我看到一个跟自己差不多的对手的时候，我是很紧张的，会想尽一切办法拉开差距，去掌握那个势能，而不是跟它打巷战。

李翔：这个势能是可以人造的吗？

杨浩涌：是可以造势的。也要看不同的阶段，好的人是借势，厉害的人是造势。造势就是说你利用资本去创造更高的势能；借势的意思是说，你本来就领先，你拿到更多钱回来。

为何选择做“瓜子”

李翔：你当时选择“瓜子”，是一个深思熟虑的结果，还是说总得找个事情做，刚好这个比较有前途？

杨浩涌：更多的是第二种。我当时已经在看很多项目了，还看过农业。其实第二次创业了，不是为钱，总得找一个有意思的、真正能够改变一个大行业的东西去做，所以很深地研究过农业，还找人探讨过。我把线下，像永辉超市什么的全都看了一遍，后来发现链条太长了——你要做前端，也得做后端，你把后端做完，可能前端的仗就结束了——后来就没做。正好“瓜子”要融资，当时市场还不太好，他们说浩涌你来做吧。挺简单的一个过程。

李翔：所以你只是闲不住，相当于有一个事情塞到你手边，你就把它拿过来，开始把它做大？

杨浩涌：可能那几个月觉得挺没意思的。因为两个公司合并是有很多内耗的，没办法，打了这么久，怪不了任何人，大家都希望能好，但的确各种各样的东西都不一样。在用人方面，我当然觉得我的人好，他觉得他的人好，这都是很自然的。但确实有很多矛盾，我觉得有点浪费时间。当时面临的情况就是，要么再做事，要么退休。我发现其实退休不是一个选择，还是要做点事情的。

李翔：退休为什么不是选择呢？挺无聊，是吗？

杨浩涌：对，可能我自己还是一个好奇心比较重的人，做很多事情是好奇心驱动的，也挺期待看到它们的变化。

李翔：很多人会选择做投资。

杨浩涌：投资不够。

李翔：不刺激？

杨浩涌：不够刺激，真的是不够刺激，因为我当时已经有一些投资了，看着很着急。

李翔：想自己上去做？

杨浩涌：你之前当过球员，然后突然当教练，就有点急。可能创业带来的满足感会更强，你有更强的把控，你能去改变一个事情，有很多可以做的事，比较有意思，更好玩。

创业的满足感

李翔：这种满足感，如果具体分析的话，你觉得它是什么？

杨浩涌：怎么说呢……首先它对你整个人的优点、缺点是一个巨大的放大，同时对你从智商到情商都是一个巨大的挑战。

优秀的创业者都是成长起来的，没有谁第一天就可以做好。绝大部分创业者第一天都不是最领先的，好的创业者都是自己不断学习和思考。因为外在压力这么大，资本、竞争，包括团队的问题都要考虑。你之前没管过团队要去管，你之前不懂财务要试着去看财务，老是觉得团队跟不上，那要去找新的人，又存在内部的协同效应。所以它是全身心的刺激，让你晚上睡不着的挑战。

另一个方面，它能极大地满足你对未来的好奇心，你也不知道它半年或一年以后会变成什么样子。大概就是一个模模糊糊的想法，然后你不断验证它，一点点去验证成功或者不成功。这个过程是非常有意思的。

李翔：就是上瘾，晚上都睡不着觉了。（笑）

杨浩涌：这个很有意思。我觉得这是很多创业者生存自带的一个特性，有很多问题要让你解决，把它解决掉这个过程带来的愉悦感可能都不亚于打游戏。驱动很多人去做事情的原因，就是他们的好奇心——不知道什么样，想亲眼看到它的发展。

李翔：但只要你选择做一个公司或者一个行业，你的好奇心不是就会被局限在这个公司、这个行业里面了吗？

杨浩涌：没有，在这个领域里，它是不断在满足你的。今天你让我去做“赶集”，我还可以做10倍，在里面不断地做。你在每个阶段碰到的挑战都是不一样的。几千万美元、几亿美元，再到这么大的规模，管的人数也不一样，看到的机会也不一样。

今天要让我去看“赶集”当年的东西，我还能想到10条路可以把公司做得更好，会去尝试和验证。战略就是在这个市场里面，你选择先做哪个、后做哪个，做哪个、不做哪个，要不断地去想。

不是说在外面的人来看，你这个领域就差不多了。我觉得好的创业者永远在这里面，他能够带着团队往前走，带着公司往前走。你看贝佐斯、王兴，其实都是一样的，在不断扩展自己的边界。边界也是变化和动态的。

你的资本、团队和战略决定你的边界。可能每一年，这三个事情发生变化，会导致边界变化。它是一个动态的、相互协调的过程。

资本和团队跟不上也不行，你过不去。你有钱有团队的时候，可能边界就会变广、变宽。现有的业务更扎实以后，你还有新的机会。我觉得这是今天的互联网好玩的地方，就是你到一定的规模后，最终你站到那个平台，你有这样的团队和资本，决定了你的边界有多宽、多远，而不是说我做的业务决定我的生存状态。这是很有意思的东西。

所以我觉得，除非这个创始人有问题，否则不存在说自己就到头了，基本上就这样了。只要他是一个伟大的创业者，这种事情不会发生的。像慧文说的，我是很认同的，创始人在公司到天花板之前，一定会找到新的路，把公司推到下一个阶段。这个时候，你的选择、你的判断力、你的执行力、你的资本、你的团队，如果能跟得上，那就变得非常有挑战了。

我觉得它是一个阶段性的过程。好多公司是一个台阶一个台阶一直往上走的，这是永无止境的。

李翔：我可不可以理解成，你先干了这个事情，慢慢地越来越喜欢和享受这个事情？

杨浩涌：对，早期是有一个情感的因素在的，我不能看着它挂了。然后的确看到了很多优势和特点，而且做起来挺有意思，有一个万亿级的市场可以去探索。

但是你要说我本人对车有多大的兴趣，说实话，在那个时候是没有的。现在慢慢在建立。但是我相信这个事本身能影响很多人，能够让这个行业的体验变得更好，作为一个互联网人，我能把这些新的商业模式带进去。就跟王兴一样，他其实做校内网也行，做外卖也行。

李翔：这个跨界其实挺大的，对他而言。

杨浩涌：他的动力是来自他不断在改变，他也是一个好奇心驱动的人，所以他说无边界。我觉得反而是有边界的，它是跟你的资本、团队相关的，但边界是动态的。

李翔：边界是可以扩张的，因为你的能力会更强。

杨浩涌：它会有变化。而且绝大部分战略不是百分之百的好战略，跟执行是相关的。执行得好就是一个好战略，执行不好就是一个烂战略。

李翔：你之前研究过生鲜行业，像盒马这样的公司出现，在你的意料之外吗？

杨浩涌：当然是意料之外。这就是好玩的地方，永远有新东西让你觉得很是出乎意料。

我们开线下店的时候，去小米看了看。就会想它为什么会这样，后面的逻辑是什么，什么驱动它能够站到一个高位打低位，去跟传统行业竞争，而不是在拼管理效率？这就是商业好玩的地方，你永远不知道未来一个百亿的机会在哪里，总会在意料之外。

包括像拼多多这样的公司，你也想不到。你觉得这个行业应该结束了，它就出来了。这就是它迷人的地方，吸引着你去研究它的逻辑。

包括我们自己做的事情，我进来的时候，远远没有想到有一天会去开线下店。这都是在不断迭代的。

但我觉得有些最本质、最底层的东西，是经久实用的。如果你做的是电商，你就要提升效率，就要让消费者受益。任何一个商业模式，想不清楚的时候，从消费者的角度去想，就能看清楚很多。

我们中间有很多纠结和讨论，去年上半年有段时间还蛮折磨的，就是因为这些问题。我们跟车商的竞争，各种各样的干扰，还有短期业绩的压力和长期的一些问题，让我去想是不是我们走错了。

你要相信上面那个“道”和下面那个“术”是通的，得是同一个方向，这样才有可能走得好，才更长远。这就是做企业迷人的地方。

判断

李翔：你怎么判断一个事情或一个方向就是错的呢？有什么具体的指标吗？

杨浩涌：没有。我描述一下，你去判断一个商业模式最终能不能走通，就好像你远远看见一个人，中间有很多雾，还离得比较远，那个人可能背对着你，你看不清楚他什么样，但你隐隐约约觉得应该是这个人。你在慢慢走的时候，有一个不断地认为“是”或者“不是”的过程。

没有一个明确的时间点说这个肯定是“好”或者“不好”。所以你在走近“他”的过程中，不断用一些小东西去验证自己的想法，再去推演到底是对还是不对。我觉得可能这个过程是永远在发生的。

比如我们做新车，可能一开始就是直觉。我在线下跑了一圈，觉得做新车的公司一年做一两百万辆，如果它哪一天往外一迈（指进入二手车行业），不也有一两百万辆吗？

李翔：你是担心它们进入你的行业？

杨浩涌：是，这些公司在我们的上游。后来我说这种感觉就像你在下游洗衣服，有人在上游撒尿，它在影响你。就是一个最粗浅的感觉。这个行业你需要去关注一下，看看到底怎么回事。真正看了以后，你发现它们好像有一天真的有可能会对你产生威胁。我相信王兴现在一定在想盒马会对他有什么样的冲击，都是做外卖的——就是一个隐约的直觉。

然后就会到下一个阶段。如果真做，你大概会盘一盘，需要多少钱，公司有哪些人可以做这些事。我们当时定了做新车以后，一转身拿了 2.5 亿美元，就是 8 月份做完，紧跟着 9 月拿钱。

李翔：新车是单独融的吗？

杨浩涌：不是，是整个集团为了新车融的。如果没有新车，我们根本不需要融资。当时发现，如果做新车，要从厂商采购，我们初期没有话语权，就得付现金，不然人家不给。这样的话，1 万辆车，12 个亿就出去了。

你要想需要多少钱，需要什么样的团队，进一步，想这个市场是不是有标配的仓储、物流？苏宁会怎么看这个事？京东会怎么看呢？当时我把我们的投资人都问了一遍。陈小红[①]也是我们的投资人。我就跑去问她，你觉得京东会怎么看这个

---

① 知名投资人，曾经在担任老虎基金合伙人时参与投资了京东。

事？你觉得我们该不该做？

这个事是可以沟通的，你在吸取各种信息来验证自己的想法对不对。那个时候的直觉是，我们应该干这个。我觉得到今天为止，新车还处在一个早期的阶段。年底的时候我说，如果创业公司是 0 到 1 的话，“瓜子”到 0.7 了。0.7 的意思是模式基本上稳定了，有一个不断优化的过程。“毛豆”还处在 0.3，0.3 就是你还看不清楚怎么到 0.7，只隐隐约约觉得那个方向是对的，应该去做，但中间的好多问题我们还需要不断地开会解决，讨论一些策略，包括三四线城市怎么做。这些问题不解决的话，你在上面看不出它是对或错。

有太多细节需要去看。你的手感越强，你对这个事情的判断就会越准。很多模式不对，就是因为你在上面觉得可以，但团队就是做不来，你甚至都不知道失败是什么原因。

李翔：你做一个新业务，比如说新车，它是在“瓜子”到一定程度之后才考虑的，还是随机出现的？

杨浩涌：这里面还有几个大前提。二手车这一仗打完是不是我们的地位相对比较稳固了？如果还没有，还处在一个激烈的战争、巨额的补贴、烧很多钱的时候，可能我不会做新车。

所以我说所谓的边界是由很多事情决定的。你是不是已经有一个根据地，是不是有一个现金大奶牛——虽然有竞争，但对手很难对你产生大的威胁——以及你有没有精力、团队和资本去进入这个新的行业。同时还要考虑外部的东西，来确定我是不是能进入这个市场。

李翔：未来大的汽车领域，是上游向下游打比较容易，还是像Uber、滴滴这样的公司往上走比较容易？

杨浩涌：我相信滴滴现在在打车领域有蛮大的护城河，也足够强了。它不只是有资本的护城河，算法也是，只是相对深浅的问题，以及对对手来说有多深的问题。

没有哪家公司是没有护城河的，只有相对深和浅的问题。当攻来的对手足够强的时候，你的护城河可能不够深；但是如果来的是一些比较弱的，那你的护城河足够阻拦它们了。我相信，美团想打滴滴没那么容易，因为滴滴在资本上有足够的积累，它足够坚决，也有反击的能力。

我觉得会挺有意思的。这两个公司都具有线下运营的能力和做补贴精细化的能力，具体战术上的能力也都有，可能会打得比较精彩。

我觉得可能最后在这个大的跑道上，每家都会找到自己的竞争力。只是因为我们做得比较重，有线下卖场，还收车，对手进入会比较难。反过来我们进入它的市场会非常谨慎，我不觉得我会进入打车之类的市场。现在是它跑来跟我们竞争的。

李翔：但是你有可能继续往上走？

杨浩涌：围绕车的一些比较重的服务，维修、保养和金融，车的采购，包括车的处置，这些是我们的核心。滴滴是一个高频的应用，在车的运营上建立了它的优势。我们两家是有非常大差异的，可能有一天会有一些重叠。比如你今天往我这里跨了一步，有一天我往你那儿走一步。双方是会有相同的地方，但绝对不会是两家一模一样的公司。

李翔：是。就像 Uber、滴滴可能进入造车的领域，而像福特和通用这样的大车厂，也可能会去做出行服务。

杨浩涌：对，尤其是电动车玩家，曹操就是吉利汽车做的。双方都会在自己现有的竞争能力上找到进入这个市场的优势点，所以肯定会有重叠。

李翔：你们是在中间。滴滴会认为，我的新车跑了一段时间就可以作为二手车卖掉，神州不就是这么做的吗？

杨浩涌：是的。如果这么说，我觉得它已经把我们当成竞争对手了。但是怎么讲呢？它说要建立二手车处置的能力，这个诉求跟我们是不一样的。它可能是体系内车的处置效率要更高，我们是希望建立一个整个市场上公开的、对任何人开放的平台，甚至滴滴的司机也可以来。现在很多司机和车是租车公司的，租车公司把二手车往哪儿卖，滴滴也决定不了。

李翔：不一定卖给它自己的平台。

杨浩涌：对，所以我还是回到那个观点，你的效率高、价格好，人家就会卖给你。我们更像是向所有公众开放的一个交易平台，我们用这个思路去不断地提升效率，让价格更好、服务更好。滴滴可能是建立内部的生态，为了加强自己车的效率，比如要建立二手车交易平台。我觉得它可以自己建，其实它要开明一点，也可以跟“瓜子”合作。效率决定一切，如果它建立的平台比在“瓜子”上价格更好，那就是它的优势。

打仗、竞争

李翔：你最终想成为一个什么样的人？

杨浩涌：就现在这样挺好的。

李翔：你经常讲打仗这些词，是因为你总是没走过这个阶段吗？还特别迷恋打仗、竞争这种感觉。

杨浩涌：可能是有误解。跟“58”合并的时候，所有记者都让我聊聊两家的PK，恨不得挖点东西出来，所以就是被贴了一个标签。而且我们这种打法相对比较彪悍，所以他们会说，你去哪个行业，哪个行业就血雨腥风的。之前都不打广告，现在这个行业广告打得铺天盖地。

其实从我们的角度来说，我们更关注的是护城河。包括势能也是护城河的一部分，势能帮助你建立自己的护城河。我们做的一切，去拿更多的钱，比较积极地打广告，高速扩张，这是大家看见的表面的东西，我觉得那个是不够的。

更深层次的，一个企业做的所有事情都是围绕护城河来的，要把它建得足够深。只有建得足够深，你才能利用核心竞争力把公司带到下一个阶段。到一个阶段建护城河，到下一个阶段再建护城河，是这样的过程，这样企业才能持续往上发展。否则你把自己锁定在一个地方，就像你刚才说的，会看见天花板，团队也会失去能力。

有时候用这种方式也是在练我们的团队，让他们更有战斗力，更有活力，能够去进入一些新的领域。我觉得企业就是这样的，发展是最好的护城河，是让企业有活力的最好方式。

李翔：跟这个国家一样，在发展中解决问题。

杨浩涌：你只要不断地增长，很多问题就可以解决。我觉得亚马逊、贝佐斯背后也是这个逻辑，我们也是这个思路。大家看到的是表象，我们关注的是成长。

李翔：你是为这个东西设定一个终局，然后倒推，还是靠过程不断往前推？

杨浩涌：我觉得每年都不一样。如果你问，我自己都看不清我的护城河是什么样的，只能模模糊糊看到一个大概的影子，中间有可能看到“不是”，我就会调整。但大的初心是希望不断把战略、资本和人才使用好，不断地推进往前走。换个领域还是类似的想法。越是大的品类里面，你看的越多。我们今天的商业竞争远远不是单纯做好一款产品就怎么样，这就是最好玩的地方。

李翔：你不想变成马云、马化腾那样的人吗？

杨浩涌：我觉得他们也是这样的人。他们在那个阶段不断建立自己的核心竞争力，然后寻找新的疆土，再去扩展自己的边界。每个人在不同阶段做的事情是不一样的，我不认为他们跟我有什么区别。他们也在不断地建护城河，也在寻找新的模式，也在用增长来解决企业的很多问题。

它是很好玩的，永无止境。你要问我几年之后什么样，我应该还是这个样子。你看到的变化就是估值大了或小了，然后又在到处打仗。但你要看，今天的"瓜子"跟两年前的"瓜子"是很不一样的。两年前，即使跑到那个体量，即使我们是二三十亿美元的估值，我们还在 0.3。现在我们跑到 0.7，但是要到 100 还有很长的路要走。

李翔：你的意思是说，你之前讲了很多竞争打仗之类的东西，不是你很享受这些东西，它只是建立护城河的一个手段？

杨浩涌：对，我的目标就是建立更深的护城河，就是一种方式。

李翔：因为我之前会有一种认识……

杨浩涌：愿意打仗，好战。

李翔：对。还有就是你一直停留在这个阶段，像马云、马化腾至少在某个领域感觉有一种……

杨浩涌：他们也打。

李翔：我知道他们也打，但是他们至少建立起了一个相对稳的地位，有一种基本盘很稳的感觉。

杨浩涌：是，他们的积累太深了，所以你看到的战争有可能是无形的，不像我们这种，表象会更激烈一些，用营销去拉动用户，然后快速扩张，用资本去把企业带动起来。这是这个阶段必须要去做的。

但是你可以想想他们在盒马这场战争中调动的资本和资源，那个战争比我们要惨烈得多，只不过大家看不见而已。大家看到我们的是表象，打很多广告，对他们来说那是小钱，真的是小钱。你看不到的投入是千亿级别的，在整个产业链上去拉动战争。我觉得表象不一样。到那个阶段，你反而觉得好像没有那么激烈了。

李翔：波澜不惊了。

杨浩涌：波澜不惊了，其实底层是非常激烈的。而且像阿里这家公司，它从资本、战略到执行是一点不差的，而且它调动的资本比我们大得多，都是上千亿地在做线下的并购和布局，是一个集团联动作战的。

李翔：你之前也看过生鲜这个领域，现在生鲜的打法，有哪些是你当时确实没有想到还可以这么玩的呢？

杨浩涌：且不说它将来能不能成，我觉得它的打法给所有人一个挺大的冲击。之前的生鲜更多的是上门服务，就是送货。我当时没有做，也是觉得你不去把后端的做好……

因为生鲜是这样的，我简单说一下。山东的一个苹果，在地里面大概是 3 毛钱，到用户这里变成 4 块了，中间有巨大的链条，一层一层的。如果你只是在 4 块那个层面做用户体验，是解决不了问题的。你要倒逼着把之前的所有东西都理清楚，才能最终给用户一个比较大的体验改善和很大的差异化。这是我后来放弃的原因，就是觉得太复杂了，很难解决。你要解决全部问题，需要 5 年、10 年的时间，甚至更长。

等你解决完后端再做的时候，可能有些巨头因为资本足够大，已经把这个给打通了。任何一个行业，要是高位打低位，都会比较容易，相比传统模式的效率，会是大幅提升。你去看它的成本结构，包括用户购买的方式，都是挺大的一个变化。

李翔：阿里这种电商公司到线下也面临同样的问题。

杨浩涌：是，它在摸索，但是好在它有大战略和大资本，不会做或开店慢，用并购来解决就行了。

2018 年 11 月访谈

日期：11 月 30 日

地点：北京上地软件园八维教育科技楼

杨浩涌在越做越“重”。一开始，“瓜子”只是进行交易的撮合；接下来，商业模式开始向严选模式演进；然后，开始自己开线下店。

杨浩涌在越做越“重”。

一开始，“瓜子”只是进行交易的撮合，也就是C2C，“没有中间商赚差价”这句广告语说明了一切。

接下来，“瓜子”的 C2C 商业模式开始持续演进。“瓜子”从开始的撮合买卖双方见面交易，演进为严选模式，将卖家的车放在线下门店寄售，保证在 14 天的平均周期完成售卖。与线下车商不同的是，“瓜子”有更大的品牌、更大的流量、算法定价更合理、保障服务更全面、周转效率更高。

然后，杨浩涌甚至开始自己开线下店。不过，这其实也没什么让人惊讶的，因为 2018 年正是“新零售”成为潮流的时候。中国最大的互联网公司之一阿里巴巴，在 2016 年开办了线下实体店盒马。在美国，亚马逊在 2017 年以 137 亿美元的价格收购了全食超市（Whole Foods Market），它是全美最大的天然有机食品连锁超市。

当然，杨浩涌开的不是单纯的线下店。简而言之，他的理念是，通过摄像头和传感器从线下收集数据，传到线上，经由线上的算法分析，然后把分析后的结果回传到线下，去指导线下的销售动作，提高线下的效率。

这就是杨浩涌版本的“新零售”。

大规模开线下店的逻辑

李翔：你要不要先阐释一下你们的新理论？

杨浩涌：也不是理论吧，就是有些关于新零售的想法。大家觉得我们是个比较彪悍、打广告比较多的公司，其实我们今年在新零售上有了很多进展。“瓜子”已经布局了 100 多家店。开了这么多家店，也有一些想法。

上一轮融资的时候，原来的严选业务比较受欢迎，投资人当时对我们的理解是，在数据的支撑下，我们有一个价格引擎来驱动和提供严选直卖服务。

二手车行业的传统弊端一直没有得到解决。传统的车商为什么扩张不起来？因为传统的车商都是靠老师傅看一看，然后给车辆定价。我们做的是价格引擎。随着交易数据量越来越大，我们把各种参数都输入进去，包括车况、第三方的各种数据，然后可以预测出车辆在第几天可以以多大的概率、什么样的价格出售。可以这样说，价格引擎决定了前端车辆的售卖价格、售卖周期、收入、折扣、车辆异地流通等方面的问题。事实证明，价格引擎的效果还不错。

我们之前是把严选车放在一些临时的场地。随着业务的深入，我们觉得是不是把车放到店里去，这样买家的体验会更好一些？我们对要不要投入这么大去开线下店也进行了探讨。

李翔：大规模线下开店是吗？

杨浩涌：对。最近我越来越觉得零售是个非常复杂的事情。我们创始团队是偏互联网的，从汽车行业出来的不多，更别说有零售的经验了。我们也不太懂，所以压力还是蛮大的，毕竟不管是库存、打折，还是店面管理，都不知道怎么去做。

后来的想法是，如果我们可以创造一个场景，能够对线下卖场进行数据化镜像，然后把这些想采集的点作为信息点或者数据点，全部镜像到线上的虚拟卖场。之后，我们在线上做很多优化，再反馈到线下进行调整。

因为线上是我们擅长的，我们知道怎么去优化。找到这些优化点，再反向反馈到线下，我们对线下场地的管理就会更懂一些。

一开始，我们想的是怎样把想要的数据抓回来，围绕这个思路做了很多工作，然后发现很多事情变得越来越有意思了。先举三个例子。

第一个例子，我们开发了智能钥匙柜。在美国 CarMax 的卖场，每辆车前面都有个木头盒子。如果买家想看一辆车，销售就会跑到前台登记，去拿这个盒子的钥匙，把盒子打开，然后把盒子里的车钥匙拿出来，再让买家看这辆车。

从数据的角度，这里面存在的问题是，这是一个纸质的登记表，只能看到某个销售在几点拿走了这把钥匙，有消费者看了这辆车，没了。完全看不到买家围绕这辆车产生的数据。

我们做了智能钥匙柜，放在严选直卖店中。销售带买家看车的时候，买家说我能不能看看这辆车，销售就在 App 上申请一个工单，接着会出现一个二维码，提示销售到几号柜子去拿钥匙。买家看完车后，销售会把钥匙还回来。通过这种方法，我们就能知道是哪个买家和哪个销售看了哪辆车，信息就更全了。

我们在线下最关注的有 3 个点：买家、销售和车。我们能抓到信息点，从线下抓到线上，那么就不用特别去考虑线下如何匹配买家，因为我们在线上优化完之后，可以精准匹配买家、销售和车。比方说，有的销售擅长卖宝马这样的德系车，有的销售擅长卖丰田这样的日系车，每个人的经验都不太一样。如果能从这三个方面来匹配，那么线下零售就多了一个优化的空间。

再举第二个例子，沃尔玛大概十几年前就在做的 RFID 技术[1]，是在每个商品的后面贴一个条形码。贴上条形码后，沃尔玛可以跟踪每个商品从进货一直到售出的整个过程。这个技术的应用一直没有完全做起来，原因就是成本太高。比如对一包方便面来说，一个条形码大约两毛的价格就太高了。

但在二手车市场里，每辆车的单价都足够高（指相比于车的价格，RFID 条形码所占的成本就很低），所以我们也做了类似的事情。卖家愿意售车的时候，我们就给车贴上一个码。这个码会跟着这辆车从入库到整备[2]的各个环节，异地交付也一样。比如说从北京到呼和浩特，到了呼和浩特以后，什么时候进店的，通过哪个路线，在路上停了多久，都可以做实时跟踪。

倒不是说这有多厉害，只是汽车的场景刚好给了我们这样的机会去做。

第三个例子是怎么做场地管理。我们线下一家店上万平，就会存在一个问题：每辆车应该放在什么位置？

---

① 全称是 Radio Frequency Identification，即射频识别，它可以通过无线电讯号识别特定目标并读写相关数据，而无须识别系统和特定目标之间建立机械或者光学接触。

② 二手车交易中的整备指的是，二手车商会对车辆建立新的维修保养记录，比如是否出过事故，并且对车辆进行全面的检查和保养，进行必要的零件更换，清洗整车等。对于成熟的车商而言，整备是一个完整的必要流程。

我们刚开始做场地管理的时候，销售都是随便找个停车位停车。后来我们安了一个道闸机[①]，车进去的时候啪一扫就进去了，把流程自动化起来。我们还在场地装了摄像头，在每个车位贴了二维码。把车停到车位之后，二维码一扫，我们就知道这辆车停到了这个位置。这样，一个二维码就把车位和车匹配了。

这样下来，除了之前提到的哪个买家和哪个销售看了哪辆车，我们又增加了一个关于车位置的信息，就是买家在哪个位置看了哪辆车。同时，摄像头还能跟踪买家的动向，知道他在这个车位看这辆车花了多长时间，是由哪个销售带看的。

这些数据在线上都能获知，之后我们就可以根据数据和算法优化。一辆车进到场地，我们就可以直接对工作人员说你把这辆车放到 A02 这个位置上去。这都是算法算出来的。与此同时，我们内部还有一套算法在做整个场地的管理和优化。比方说这辆车做折扣，那它停到什么位置更合适，算法就会给出建议。这样整个场地就完全可以做到数字化管理了。

对我们来说，管理一个线下上万平米的场地可能不太擅长，但是我们擅长把感知到的信息抽象化，作为数据管理，做好优化动作再反馈到线下。

---

① 一种通道阻挡装备，常见于停车场、大型场馆出入口等，最基本的功能就是一次只允许进出一个人或一辆车。

有的人说，你们其实找个露天场地卖这些车也挺好的。但我认为，能够有个室内的场地，帮助我们去抓信息点，然后不断优化体验，我们就有可能变成最懂卖场的公司，管车就会更有经验。也只有这样，我们才能提高在车辆管理上的经验。比如，一辆车进了场地以后，我们能知道第 7 天、第 10 天它到底应该做什么样的促销，到了第 45 天就会强制出售，比方说可能通过拍卖就走了。坚决不能让一辆车在我们平台上永远放着，因为二手车是一直在贬值的。比如一辆价格 10 万元的车，在第 45 天的时候，可能折价 1 万、1.5 万就卖了。

零售的核心竞争力在数据量

李翔：车辆的价格，包括车辆折价的价格，是算法直接给的，还是要人工来给？

杨浩涌：对每辆车的管控，刚开始的时候我们是人为的，现在我们的算法已经开始给建议了，你要是不太懂，就用算法；如果你有特别的想法，也可以人为干预。我们会跟踪干预之后的效果，看看结果到底是好的还是坏的。通过这种方法，算法在不停地学习，如果它做错了，人纠正它。

李翔：人来纠正？

杨浩涌：对，就跟我们刚开始报价一样，前年一个评估师说你们这是瞎搞，这辆车怎么报这个价格，明显高，收进来肯定会亏。我们的确也亏了，因为收进来很多红色、黄色的宝马车，就很难卖。当时我们没有把颜色这个维度考虑在内，没想到颜色对价格的影响会这么大，可能差 1 万块钱左右，买的人就少。

后来慢慢通过人为的校验，我们对一辆车的价格做了调整，就相当于算法跟人在下棋一样，它就会学得更快。这个模型我们也是在一步一步走。

所以，线下销售越来越像一个可以数据化并持续优化的场景。其实，我们就是对线下场景做一个数据化的镜像，镜像之后去做优化。

李翔：但是一开始做线下的时候，你的出发点其实就是改善体验是吗？

杨浩涌：最早我们对新零售的认知是通过数据来驱动定价，包括车的售卖周期、收入以及车的管理。数据驱动以后，当时的效果也不错，收进来的车很快就卖掉了。当时大部分场地还是露天停车场，我们就把车往那儿一放，买家来了就进停车场里看。但随着一个城市一个月达到几千台的销售规模，问题就出现了——上万平米的停车场说起来挺震撼的，但人真走进去选车时还挺迷茫的。

李翔：不知道去哪儿。

杨浩涌：不知道去哪儿，也不知道逛哪儿，有的人可能没逛完就走了。各种各样的问题也都出来了，包括场地的管理。然后我们就开始说怎么去纠正这些问题。

新零售的本质不仅是对物品的数据驱动。其实你看亚马逊，它在很多年前就把我们想做的线上这一块完成了，每一个商品在亚马逊到底卖什么样的价格，它已经在预测了。比如一件商品卖 5.1 美元会多卖一点，但是利润薄一些；卖 5.5 美元会少卖一点，但利润高一些。关于哪种组合是最优的，亚马逊一直在做各种各样的预测和优化。这个它在线上已经玩得很熟了，我相信对线下场地的数据化是亚马逊接下来想做的事情，所以才会有 Amazon Go[①]。

我们认为未来的零售其实也是靠数据驱动的。为什么亚马逊比沃尔玛的市值高那么多？我觉得是因为亚马逊能拿到的数据比沃尔玛要多十倍百倍，甚至更多。本质是这个，而不是因为亚马逊的线上比沃尔玛做得大。亚马逊能拿到的数据、对品类的管理、整个数据量都比沃尔玛要大得多，如果沃尔玛的是万量级的，那亚马逊就是几百万量级或者几千万量级的。这是我们的一个看法。

所以今天到了零售的场景，任何行业都是一样的，如果有一家公司在所在的领域，能拿到同行数倍级、十倍级，甚至百倍级数据的话，它就能占领市场。未来的智能商业时代里，这是零售的方向。拼执行力、拼店长能力的阶段，已经过去了。

---

① Amazon Go 是亚马逊推出的无人便利店，使用计算机视觉、深度学习、传感器融合等技术，彻底跳过了传统收银结账的过程。2018 年 1 月 22 日，Amazon Go 开设了全球第一家门店。

你看亚马逊，它为什么做 ECHO[①]，我觉得也是因为想拿更多的数据。[②] 未来的商业是数据驱动的，谁能拥有更大的数据，谁最后就有机会成功。

为什么阿里跟盒马要强调用户的来店数据，因为阿里需要这部分数据。

数据会影响到很多公司的商业决策，这是我自己的一个感触。我们最近在开瓜子养车店，希望“瓜子”的用户可以从一次服务延展至终身服务。用户在我们这儿买了车，我们可以把购车后的所有服务都做了，而且做得更好，不管是换胎，还是保养等。

所以，这是一个有意识的动作。我们开始有意识地做瓜子养车，并且将来会要求，如果你不是我们的用户，我们就不提供线下服务，或者你到了店里要打开“瓜子”的 App 才能接受服务。这就变成了一个有意识的行为，积累数据才有后续所有的延展，才有优化的空间。我们认为数据是未来商业竞争一个最核心的因素。

李翔：所以你开始做线下的时候，其实只是想要改善体

① 2014 年 11 月，亚马逊推出的一款全新概念的智能音箱。

② 指的是智能音箱在跟用户对话时，可以收集到用户的语音内容信息，以此扩充数据库。

验，然后慢慢地一步步开始有了把线下场景数据化，再优化线下的想法。可以这么理解吗？

杨浩涌：是。像我们做智能钥匙柜，刚开始的场景是线下卖场有一个大盒子。我们在里面翻翻，把钥匙找出来，但有的钥匙后来就丢了。我们在想怎么去管的时候，慢慢开始想，怎么将线下的脏活、累活，很复杂的事情都能够放到线上去，那就回到我们擅长的领域了。

线上公司怎么开线下店

李翔：你在大规模开线下店之前，做了什么准备吗？

杨浩涌：其实我们就是在开店的过程中一步步探索，慢慢做出来的。当时我们的想法是，我们测算过，按照我们的销售周期，开店会增加多少成本，那接下来就是你投入这么多能得到多少回报。按照 14 天的平均销售周期，一辆车的成本大概是几百块钱，其实还好。

李翔：新增成本？

杨浩涌：对。在这样的成本控制下，如果我们在各个城市开上万平米的店，那它首先就会成为一个地标，对当地消费者的心智就会产生一定的影响。对用户而言，"瓜子"就不再仅仅是线上的一个商家，也会有几万平米的大卖场，用户可以进去逛，了解二手车到底是怎么回事。

我当时跟很多投资人说，你是愿意去一个二手车市场，小小的门脸，门口摆着五辆车，一家一家走着看呢，还是希望去一个大卖场一次性看个够呢？这是一种直观上的感受，会让用户的体验更好。

但是，开的过程是相当辛苦的，我们找了四五家律师事务所，帮我们拟每家店的合同，因为每个店要看它之前有没有债务，符不符合规范，之前的租住方有没有问题，等等。另外，中国前 5 大的装修公司，我们都在用。

我们和很多线下开卖场的人聊过，他们都觉得我们的速度挺疯狂的，要在几个月的时间里开近百家店。

为什么能用这么快的速度开店？其实我们规避了零售的很多坑，比方说我们选址就要容易很多。在传统零售领域，选址是一个非常有挑战性的事情，一家店能不能成 50% 靠选址。但这其实是很恐怖的，因为虽然如今选址已经比较体系化、科学化了，但仍然存在着很多不可预期的因素。为什么同样一家店，马路这边和马路那边会不一样，这个谁都说不清楚。

但我们就相对比较简单了。到今天为止，我们所有的获客都是通过线上完成的，往往是用户看到车以后给我们打电话，我们就说你到线下严选直卖店去吧。

所以，我们一开始找的场地，就没有刻意去找“金角银边”，只要租金便宜，我们就会考虑。我们只需要找一个交通便利、距离市中心 10 公里以内的地方就可以，我们在线上给用户引导。

我们回到刚才那个角度，为什么我们敢做线下店？首先，我们周转快，我周转 3 次，你周转 1 次，那我的租金均摊下来就是你的三分之一。另外一个很重要的原因是，我们对“金角银边”不在意，不依赖线下的物理环境去获客，不依靠选址。

李翔：但是，在哪个城市、哪些地方开店，总得有一个方法论吧？

杨浩涌：我们测算过，一般城市会开一个大店，北京是大店，像上海我们开了两个大店。我们在选的时候，相对简单，会测算大概未来一年的销量，然后最大的容积是多少，如果是旺季能多放多少辆车。同时，有一个 10%~20% 的弹性空间，比如说 4 个车位摆 5 辆车这样。

目前，我们还有一些没完全成型的想法，例如自动挪车，用泊车机器人做场地管理，根据定价把车辆放在更加合适的位置，等等。这就是第二阶段的事了，现阶段还没有。我们还有很多可以去做的事情。

城市的选择是按照线上的销量走的。比如我们在沈阳开了第一家店，因为沈阳一直是二手车消费重镇，二手车交易量居东北之首，在全国排前十，同时沈阳开店的相关配套环境比较成熟。

李翔：所以，完整流程就是用户在线上看到信息，打电话预约，然后你们打回给他，让他到线下店去，店里面有人来接待他？

杨浩涌：对，我们的用户依然是线上获取，通过线上留下的行为痕迹，销售邀约到店后，会根据他的线上行为提供对应的服务。

李翔：所以，你们基本上也不指望因为它是一个地标建筑，就有大量的线下流量到那个店里面去是吗？

杨浩涌：不依赖那个物理的位置，也不用立个大牌子，那都是传统的做法。

李翔：那不就相当于你们放弃线下流量了？可以这么说吗？

杨浩涌：看怎么定义线下流量了。一种是用户刚好路过，好奇走进来；另外一种是用户知道你有个很大的卖场，主动找过去，这算是一个增量。

李翔：但是比如说我路过的时候走进去，也需要下一个 App 是吗？

杨浩涌：对，我们会把 App 做得足够小，10 兆左右。其实如果你要买车的话，有个 App 会方便很多的，可以查各种信息，包括到店导航、价格的沟通、这辆车有没有卖掉、有没有促销信息。有了 App，用户到了场地也不需要再介绍了，比如对哪辆车感兴趣啊、预算多少啊、要不要贷款啊，等等，我们都了解。包括后续的一些沟通，像是销售顾问有更换或者调整等，都能通过 App 来做。

我们一直是想围绕用户体验这个方向去做。线上化以后，一切都会变得简单，买家体验也会更好。

公司的“道”和“术”

李翔：为什么亚马逊、阿里这样的公司，可能用了小20年的时间才开始考虑往线下走，你们却很快就走到了线下？

杨浩涌：这是一个比较自然的过程。随着业务的发展，我们发现了一个问题，二手车行业有典型的经济学里说的柠檬市场效应[①]。绝大部分人去传统的二手车市场买车都很痛苦，又缺乏保障。第一，他不知道一辆车的真实车况、值多少钱；第二，更不知道到底用什么价格买是最合适的。

针对这个现象，我们在内部有一个定价引擎。定价引擎预测什么呢？就跟预测天气或股市一样，它可以预测一辆车的价格、售出的概率和售出的时长。价格引擎是我们车好多的大脑，就像AlphaGo。根据这种预测，我们就可以上下调整价格。比方说定价是8万块钱，限时14天出售；往下拉到1万块钱，就是立刻售出；你拉到100万，它就没有任何售出的概率了。

① 指的是在信息不对称的情况下，往往好的商品被淘汰，劣等品逐渐占领市场，从而取代好的商品，导致市场中都是劣等品。“劣币驱逐良币”就是柠檬市场效应的一个重要应用。

就是这个感觉。不过这是比较极端的情况，通常是拉到 7.5 万，是 95% 的概率；拉到 9 万，就变成 70%~80% 的概率了。

我可以拿这个东西跟用户说，这辆车如果想急卖，就定价低一点，这样概率会高，售出时间会短；你要不着急，那就待价而沽。所以因为每个用户的期望值不一样，我们不能单方面决定一辆车卖多少钱。我们内部会给每辆车打分，根据它的价格和预期，我们会有 A、B、C、D 类之分。

早期我们发现，不少 A 类和 B 类的车被车商盯上了，车商很聪明，谁看这辆车谁立刻就定车，然后车的信息刚传上去，他们就把这些车给收购了。这是因为相对于普通个人买家而言，车商太有经验了，他们是老手，一辆车我们拍了几十张照片，再加上 259 项检测，往上一放车商就知道收进这辆车大概能赚多少钱。

当时我说，即使我们做到了 1 个月卖 10 万辆，那又怎么样呢？没有给消费者创造价值。如果消费者买到的都是 C 类和 D 类的车，公司将来肯定做不大，作为一个商业模式，这没有办法成功。广告一定程度上可以提升流量与销量，但将来还是要依靠用户体验和口碑。

这是当时让我们很痛苦的一件事情，然后我们就尝试了很多种方法来杜绝车商，跟踪他的 cookie[①]，然后跟踪他的电话，如果他电话打过很多次、浏览过不同价位的车，我们就会怀疑他是车商，会限制他访问，包括打电话约的时候会把他往后排，优先个人用户。

用了各种各样的方法，包括我们还弄了一个纠察大队到各地去探访，如果销售主动向车商卖过车，我们就高压盯销售。

大概去年（2017 年）五六月份的时候，我们把全国各地的城市经理叫到北京来开会，参加例行的半年总结会。我说这个非常重要，我们一定要把车商给压下去。但是我发现大家都比较茫然，不像之前那样兴奋。我把这些人叫到办公室，我们坐在一起，我说到底发生了什么事。后来我就发现，我们做企业的其实上面有个“道”，就是做企业终极要追求的东西和你要坚持的东西，用户至上、服务，等等；还有一个叫“术”，是你为了达到目标要采取的各种各样的措施。

“道”和“术”的方向必须是一致的，一致的话就会形成飞轮效应，推动公司不断往前走，让公司越来越顺。

但如果你的“术”和“道”是拧巴的，就会有很大的问题。从“术”上来说，把车卖给车商肯定速度更快，但是在“道”上，我们又要努力把车商打下去。这就是我刚才说的，

① 指的是某些网站为了辨别用户身份而储存在用户本地终端上的数据，通常经过加密。

“道”和“术”其实是拧巴的。“道”往一个方向走，“术”说另外的方向快，那肯定就会让人很痛苦。

当时我们就坐下来说，我们看任何一个伟大的商业模式，不管是沃尔玛、亚马逊，还是淘宝，都是一样的，都符合两个特征：大幅提升了行业的效率；消费者有更大的收益。沃尔玛有一个新的体系，大幅提升了物流这些东西的效率。我们其实只做到了第一步。

我们当时看过各种各样的成本。二手车这个市场交易量有1000多万辆，中国大概有15万车商，人均不到100辆，是非常分散的。原因就是我刚才说的，这是门手艺，没有数据，需要凭借经验。

所以，你在北京好使的到上海就不好使，购买习惯不一样。各地的车价也不一样，甚至会根据当地的天气、各种因素变化，你很难复制，这也导致这个行业基本上都是师傅带徒弟，或者夫妻店，开一个门脸，然后门口摆几辆车，1个月卖8辆，连一家连锁都没有。

我们“瓜子”的效率要比车商高很多，他们的销售一个月大概卖3辆车，我们的销售一个月能卖15辆车。他们的评估师一天评1辆，我们一天能评5~7辆。

另一个是他们的获客成本高，获客成本高一方面是他们要在线上去买流量，另外一方面是他们周转慢，每辆车大概 1 个月以上的售卖周期，甚至更长，所以租金摊下来也比较高。

同时，我们有大的风控能力，所以我们在金融方面的收益比他们也高；保险收益也高，因为我们跟所有大的保险公司有合作，我们卖的保险量大；再加上后续维修保养这些东西，我们总体上收益都比较高。

其实不管是收益还是效率，我们跟他们比都是倍速级的。这也就是为什么我们敢做严选直卖。逻辑上是因为效率高，这是底层逻辑。

对卖家而言，如果在市场上，我们严选直卖服务的报价大概率上比车商好，我们就会积累起口碑。等到任何一个人都说“瓜子”价格更好，那我把车卖给“瓜子”吧，我们不就赢了吗？这就是刚才说的“道”和“术”，其实就是说为了追求更好的量，你会不断提高效率，比以前的报价更好；然后你越有规模，你的效率越高。这就是飞轮效应，会让公司比较健康地往前走。

不考虑轻重，怎么对怎么来

李翔：开始的时候你只是做一个撮合交易的平台，现在开始自己上手做零售卖车，这个转变过程顺利吗？

杨浩涌：从平台转到零售，我们还是挺紧张的，团队又没有做零售的经验。我去找投资人聊，我说我有个想法，不知道你们怎么看。大家就一起聊有哪些需要注意的地方。

打十几亿广告我们一点不紧张，扩大到 200 个城市，其实我们也不太紧张，因为我们之前都做过。人容易摔跟头的都是在自己没有经历过、不太懂的事上。

后来果然摔了跟头，交了好多学费在零售上。

我知道零售不一样，之前你成交不了无所谓，现在你成交不了，每辆车都是要亏钱的，库存也都是占用成本的。当时我就去跟很多人聊。我觉得是这样的，你的商业模式，“道”和“术”必须是统一的，否则没法往前走。

对任何一个企业来说，只要是对的你就应该去做，不应该说你是一个线上平台，你就只做线上的，不开线下店。我们就很灵活，所以我们的发展速度就快，投资人认这样的互联网公司，觉得你们节奏更快，一年多、两年时间就能一个月卖好几万辆，挺厉害的。

但是，我们不是说为了重而重，也不是说为了轻而轻，而是怎么对，就怎么做。就像我刚才说的，我们作为一家公司，第一要提升行业效率，第二要让消费者受益。为了这两个目标，做任何事情都是应该的。不存在你不懂、不擅长或者不敢的问题，或者因为它重你就不碰了，应该是怎么对怎么来。

这是我们当时经历的过程，我们不是一拍脑袋就说去开个线下店吧。后来我们去开店时，我们把算法用在一些最热门的城市和最热门的车上，在我们数据比较多的地方报价，遇到有些车报不准，我们就认怂，亏了公司就认了，然后不断尝试。

因为要交学费嘛，这是必须要交的，没有这些数据，你的算法是很难成长起来的，数据多了它才会越来越准。

这个过程从 2017 年 3 月份开始，月销几十辆、几百辆，慢慢到当年 12 月份做到上万辆。

可能在中国的二手车领域，之前还没有谁做到过，很多人都说好像你们还挺厉害的，能够用算法去规模化地在几百个城市复制，上万辆车你们也可以管理，而且 14 天就能把它们卖掉——当时我们定了一个规则，用 14 天售出率来作为一个标准。

然后，去年年底，我们准备融资的时候，正好新零售比较火，他们（投资人）就说你们好像把新零售跑通了。

如何用数据指导定价

李翔：赶上了一个风口。

杨浩涌：好像新零售挺厉害的，线上线下联动，数据驱动，等等，我就讲了一大堆。这些东西是他们感兴趣的，所以就比较顺利，拿了很多钱。

刚才跟你聊的是我们最近半年的一些发现。我觉得这是一步步迭代的，我们越来越认知到数据在里面的威力。很明显的一个数据就是车辆售卖周期：传统的车商平均是 32 天，CarMax 大概是 20 多天，我们平均是 14 天左右。这种工作效率的提升，所有人都很惊讶。售卖效率一上来，坪效[①]肯定也提高了，风险也降低了。零售非常核心的一个指标其实是库存周转。我们做到了这么大的提升，传统车商是做不到的。

再给你解释一下，为什么我们能做到平均 14 天售出，别家做不到。国外的二手车定价是这样的：国外有两家公司

① 指每坪面积上可以产出的营业额，其中 1 坪 =3.3 平方米。

KBB[①] 和 CarMax，它们会对车做定价，每年会出一本书，就跟当年的黄页一样，书里面会给每一款车做定价——每一辆车，会有年份、颜色等各种指标，所有指标计算在里面，最后出来一个价格。那是非常细的一个工程，就像一个大的资料库一样。

在我们来看，KBB 和 CarMax 给出的是价值，我们定的是价格。我们是考虑了供需关系频繁波动这种现实的场景后定的价格。美国 2017 年新车年交易 1700 多万辆，二手车年交易约 4000 万辆，常年这样，价格稳定，所以它们用价值去定价没有问题。但中国这个市场不一样，比如最近临近年底大减价，成交量与成交价都在下滑；各种各样的车型不断出来，价格在不断波动；再加上中美贸易和税收等因素，要按价值去定价，那死定了。

我们在两件事的基础上定价：价格是围绕价值上下波动的，是受供需关系影响的。在做线下业务的时候，二手车的价格在月初、月末、年初、年末等时间节点都有变化，包括新车的价格波动也会影响二手车的定价。

再举一个具体场景的例子。假设有一间夫妻店，门口摆着几辆车，一辆宝马 3 系，收进来的时候，这辆车标价标多少是拍脑袋决定的。假设定了 20 万，一种可能是因为最近好像中美

① 全称 Kelley Blue Book，是美国一家权威的提供专业二手车报价的网站。

贸易战，税收高了，就把价格定得稍微高一点。第二种可能是，店主看了一下周边的二手车市场，发现还有好几家在卖一样的车，于是凭直觉定了 20 万。

假设店里每天来 5 个人，这 5 个人进来转一圈，可能问一下价格就走了。等了 2 周还没有卖掉，店主就会思考是不是价格定高了，于是改成 19.5 万。又等了一段时间，还是没人买，又继续降价。最后有一天，18 万卖掉了。这就是为什么传统车商需要 1 个月以上的销售周期。

这里面有两个问题：第一，定价是靠直觉的；第二，所有的场景判断也是靠直觉的。进来的那 5 个人，店主不知道他们是真想买宝马，还是进来溜达一下，看看豪车开开眼就走了。在我们互联网人眼里，进来的这些人带来的不准确数据都是噪音，因为不清楚这些人的目的。

回到刚才，我们怎么把这个场景线上化？在我们看来，刚才这些问题：一辆车到底卖多少钱，在数据系统中都有它自己的 pattern（模式）。比如说，这辆车上架了，是一辆 2002 年产的红色宝马，我们定为 20 万，这是以历史上类似车成交的价格为依据的。假设我们要在 14 天内售出这辆车，那它的 pattern 是什么呢？

现在我们开始数据化场景：假设我给这辆车 1000 次展示，这个展示可以做到千人千面。你一直在看奔驰，我就给你推荐奔驰，我不会给想买奥拓的人推奔驰，因此没有噪音。我给这辆车 1000 次展示，这 1000 次展示对我来说就是一个样本。其中，我看到有 100 个人看了这个展示以后打来了咨询电话，咨询这辆车的情况。这 100 个人当中假设有 10 个人到线下看了这辆车，最后成交了。这就是这辆车历史成交的 pattern。根据这个 pattern，我就可以如同预测股票和天气一样对车的出售情况形成一种趋势预测。

这辆车如果在线下的夫妻店，线下每天来 5 个顾客——这是不能改的，就是固定每天 5 个人——店主不能做到一次拉来 100 个顾客，就不能及时知道定价合不合适，如果不成交，也做不到马上就调整价格。但我们是可以做到的。

对我来说，我的流量可以给一辆车 1000 次展示，按照 20 万的定价，如果 1000 次展示只有 50 个人打电话，只有 5 个人到线下去看车——我可以让这在一天当中发生——我就能及时知道价格定高了，引擎就开始动了。

这种情况是什么原因引发的我不知道，可能是最近新车降价了，可能是因为别的，但结果总会在数据中体现出来。这个引擎在不停地动，这是我可以承诺 14 天售出的原因。

就像刚才说的，价格决定一切，定价 1 万块钱，当天就能卖掉；100 万就永远卖不掉。在一个买家卖家充足的平台上，不存在类似街边店那种随机的情况——可能最近人气少，每天进来的人少，就是卖不掉。我们是一个全平台的网站，有几百万用户在上面，只要价格合适就一定能卖掉，这是一个充分市场化的场景，具备影响市场的要素，并且在这个基础上可以用价格来调节售卖时长和概率。因此只有我们能做到平均 14 天售出，CarMax 做不到，因为它没有线上做数据化的分析。

但是通过卖场，我们能把这些数据化的结论弄到线下，这是我们最近的一些思考。

线上化、数据化和智能化

李翔：对于新零售，你有没有自己的定义？

杨浩涌：我可以试着去讲，但可能没有办法真正用一句话去定义它。总结下来，我有几个观点。

首先，不管是新零售还是线上线下的结合，它都不仅是商品数据化的驱动，而是围绕零售所有相关元素的数据化。线上就不用说了，如果有线下业务，能形成一个从线下到线上的镜像映射，去形成一些数据节点，再根据这个进行优化。这是未来的新零售。

新零售为什么比传统零售做得好？本质上是因为新零售能拿到比传统零售更多的数据。要想大幅领先于它们，数据就要比它们多 10 倍。这是未来所有领域的商业模式。

所谓新零售，不是说线上有网站，线下开了店，就叫新零售。即使线上给线下导流了，也不算新零售。

新零售真正的本质，就像曾鸣老师说的，是未来智能商业时代，你的线上化、数据化、智能化，这三步一步一步互为依托的。首先要数据化，才能有智能化。

这是我们自己的一些经验和想法。

李翔：类似于盒马和瑞幸，虽然有线下渠道，但是更想让用户在线上完成所有购买流程。

杨浩涌：它们的业务相对更容易理解一些，因为首先它们的用户是在线上下单，只是开了一些店。像瑞幸，第一天开店，就说最好只做外卖。它们只有几款咖啡，商品种类相对简单。

真正去看盒马的时候，我当时比较好奇，因为它们居然不收现金。我的第一个想法是，这会不会导致很多人，比如老人被排除在外？但我现在发现，其实像这种 App，我家里的老人现在用得也挺习惯，会跟我说“你帮我下一个”。我帮他装了 App，他自己也可以下单。其实当你做了这样有意识的选择后，会解决很多问题。

生鲜市场讲究时效新鲜，用了 App 以后，因为有所有这些数据，对比如到底订多少龙虾合适，将来盒马就会比其他零售商有更好的预测能力。其他零售商只能看到历史数据，比如去年 10 月 1 号卖了多少、今年大概卖多少，其他数据没了，怎么能预测龙虾和大闸蟹到底订多少个呢？但如果有这些数据，就可以做更精准的预测，效率就会更高。如果效率比你高，大闸蟹的价格就会比你的便宜。

大幅提升行业效率，消费者因此而受益，所有零售公司都是围绕这个不断迭代的。效率高，会体现在价格上，最后就是大家看到的情况，车商给卖家报了 8 万块钱，不能再高了，再高就亏钱了，但瓜子严选服务能报到 8.5 万，卖家买家双方都能获益，“瓜子”还能挣到服务费等收入。

李翔：就是能高效对接个人卖家和买家，让卖家多卖钱，买家还能省钱。

杨浩涌：对。线下的口碑，就在于越来越多的消费者到你这个平台上来。这也是为什么盒马今天很多店都在亏钱，却有很多人看好它。盒马不仅仅是开了店，不仅仅是线上线下零售，而是完成了数据打通。所谓的数据打通是在所有这些过程中体现出来的。

李翔：苹果可能算科技公司，宜家是相对成功的零售公司，它们开店的时候，基本上都非常慢，非常谨慎，不断地试。为什么你们开店节奏这么快？

杨浩涌：我们开店有些是因为时间倒逼，当然，我们也有一些把握，之前没有这些店的时候也卖得不错，只不过后来这个场景可以卖得更多。

另外，我们开店就看两点，首先是能带来更好的用户体验；其次，我们付出这些成本，到底能得到什么。就是看这两点，然后就能够做决策了。

整个过程就像刚才说的，对线下路过的人流不依赖，对销量我们有比较准确的预测，也不需要养店。因为养店的本质是依赖于物理获客，我们是通过线上获客，所以不需要养店。将来东城的店关了开到西城，第一天也能有顾客。这是我们相比它们开店要容易一些、能更快开店的一个很重要的原因。

另外，它们可能也是因为一直做零售，习惯了那样的节奏。对我们来说，这么多年就这么过来的，开店就这么快。

李翔： 我们看苹果开线下店的经历，真的是试验了很久，不断去雕琢各种细节。在你看来，苹果的线下店算新零售吗？

杨浩涌： 不算。苹果还是一个品牌公司，卖东西主要依赖于非常优质的产品，开线下店是为了去打造更好的体验。苹果你看选址还是在"金角银边"，利用最好的位置去获客，它们的消费者有相当一部分是线下店带来的增量。我跟曾鸣聊过，他觉得我们还挺像新零售的。我自己去看他的书，也研究他的很多东西，我觉得他的想法很多是蛮对的，就是说线上化、数据化和智能化，是没办法一步跳到智能化的。没有前两个，直接说我是一个智能化的公司，因为我线上有网站，线下开了一个店，我就是新零售，我觉得不是这样的。

大环境

李翔：你们一直速度非常快，打法算是激进的，这种打法会受大环境影响吗？比如大家都觉得今年大环境不是特别好。

杨浩涌：毫无疑问，资本市场肯定会对我们有影响。但是我觉得，无论市场好还是不好，都是超越的机会，都是领先的机会。好的时候，我们可以拿更多的钱，可以节奏更快；不好的时候，可以进一步拉大领先的差距。

这么多年，我们也经历过好几个周期。就我们的节奏来说，市场好的时候会更激进一点，因为对未来的融资或者拓展更乐观一些；差的时候，安全线会划得更高一点——比如像我们这样的公司，账上最少要有多少钱，这是安全线，低于这个线不行，就跟银行一样。这是一个协调的问题。

李翔：比如说当你决定大规模铺线下的时候，你有预见到或者有想到外部的环境可能会比较差，或者这么差吗？

杨浩涌：我们算过成本，总体金额确实挺大。但我们对年底销量有预测，应该还是没什么问题的。这些店开出来，我们大概的销量是多少、每辆车的收益是多少，这些店大概什么时候可以赚钱，我们都算过。

李翔：你觉得大环境接下来会怎么样？

杨浩涌：我们是做好准备了的，没钱也得活着，也得赚钱，不融钱一样可以做得很好。但整个行业，比如说新车交易都跌成这样了，我们也没有想到。

肯定得先活好。如果没有资本支持你，你就要很快开始赚钱。我觉得今天我们几万人的规模，融不到钱公司就“挂”了，应该不会有这种情况。

我还是这个观点，不怕大的变化，就怕它不变。大的变化不管是好的还是坏的，其实都是机会。说实话，最怕的是不变，不变的话新公司就很难有机会。现在的市场情况，主机厂[①] 或 4S 店面临的压力越多，这个行业就越有可能发生变革。不过现在也很难预测未来会怎么样。

李翔：你经历过融不到钱，差点“挂掉”的情况吗？

杨浩涌：有啊，当年“赶集”最差的时候，账上的钱只能撑 3 个月，那种经历不想再有第二次了。企业肯定很难到这个

---

① 这里的主机厂指的是汽车整车生产企业，也就是通俗理解的汽车厂商。

点，如果到了这个点，一定是出了大问题，比如面临的所有现实都跟你预想的不一样。有的时候我觉得旺季反而会容易出问题，因为你可能会用力过猛。

大部分没钱的情况，发生在对未来的判断跟实际有偏差时。比如在使劲冲的时候，以为能拿到钱——往往都是这种时候最容易出问题。就跟在山上摔死的都是不太注意的人一样，很少有自己很小心结果摔死的。我自己看到过很多“挂掉”的公司，其实都是对未来的预期跟实际情况发生了巨大的偏差。

很少说，明明知道冬天来了，然后还把自己饿死的。很少有这样的。我们经历了好几次这样的周期了，我们觉得不会有大的偏差。如果大家都知道冬天会来，应该就不会“挂”的。

李翔：感觉你们已经是近几年创业打法最凶悍的公司了。

杨浩涌：很多行业都是这样。没办法，在这个行业，我们是后来者，总得这样去做一些决策。我觉得没有绝对的对和错，跟风格有关。有时候在“道”的层面，“快”反而是安全的。如果跟对手搅在一起，会很痛苦。你拿到钱，他也拿到钱，竞争太激烈了，所以最后你们俩谁都不挣钱（指公司因为竞争激烈而无法盈利），这是不安全的。

李翔：问一句题外话，为什么今年环境这么差，但是这么多公司上市呢？

杨浩涌：因为一级市场不好拿钱，投资人要退[①]，没有办法，这是真实的原因，这不是我自己的观点。很多投资人我问他们，他们就这么说的。今年再不退，如果市场更差，公司可能会“挂”的。

李翔：市场接下来会更差，是吗？

杨浩涌：他们这么预期吧，倒不是说百分之百会更差。如果更差，那怎么办？我觉得大家都是这个想法，尤其是一些“不好”的公司，想趁市场还有机会的时候，趁数据还不错，先上了再说。

李翔：你是不在乎这一点的，是吗？

杨浩涌：我们还好，因为刚拿完钱，还好。

但大环境肯定比一年前是要差的，毫无疑问。一年多前，大家在说实体经济不好。但实体经济你要看广告市场。我们买广告比较多，当时广告位抢得特别厉害。我们春节下单都下不进去，春晚的广告飙到天价；包括当时要提前买今年世界杯（2018 年俄罗斯世界杯）的广告，那个价格卖得是超级离谱的。

整个世界杯上一届招商也就十几亿，这届一下飙到了 40 亿，

① 通常情况下风险投资基金会有一定的退出周期，某一期基金到了约定的退出年限后，风险投资机构需要按照约定的节奏，把这一期基金内的钱和投资回报按比例退还给自己的投资人，也就是通常所说的基金 LP。

2 亿一个广告位，爱买不买。当时普遍说这么贵，有谁买啊，最后捡漏吧。后来发现根本没漏，最后连机会也没有了。我们当时还觉得，不是说实体经济差吗？怎么会没有捡漏的机会呢？

这是一个挺好的指标，这是世界杯的场景。

广告市场肯定是一个风向标。你对未来比较有信心，你广告就硬，这是一个信号。广告是蛮反映市场信心的，因为打广告的效果不会立刻反映出来，有对未来一年的预期在。

你要想再看，就看这些人（指广告商）的广告收入，这些东西都是对未来的预期。至少比半年前、一年前要差，这是我的感觉。

李翔：这是预期的变化，还是真的变化？

杨浩涌：你看销量就能看出来。新车销量下滑不是一个小事。很多车企几个点的毛利，如果不是世界级企业，这么多企业普遍降价，我估计未来要整合。

回到你说我的打法激进，因为我觉得互联网公司守是守不住的。对于所有的公司，想要找某一个城市，或者某一个区域市场，通过这种方式（守的方式）存活下来都很难。当年做“赶集”的时候，对手说，“我们不行了，我们就在上海稳住”，但也就稳了大概两三年。后来我们去打上海，在春节发动了一场攻势，整个上海一夜之间都是我们的广告，几个月之内就攻下来了。守是守不住的。

品牌营销的沸水效应

杨浩涌：我们现在的模式，要拉到一定规模之后，整个成本降下来，才有可能盈利，里面有规模效应和网络效应的影响。你网络越大，效率越高，在里面可以有很多的优化，包括刚才说的成本、人的效能的优化；在货品上，因为量大，周转、匹配效率更高，获客成本就能拉下来。

我们每年打几亿的广告。任何一个品牌，要想有足够大的穿透力，像“瓜子”一样在两三年内让绝大部分人都知道，就需要在打广告上保持这样的体量。

我们自己总结我们的营销，里面有一个效应叫沸水效应：水烧不到 100 度，烧到 95 度就是浪费。烧到 95 度的意思是什么呢？只要不继续烧，就没了（指不继续烧，水就永远不会沸腾）。烧到 100 度，水开始开的时候，只要保持一个小火，就能一直保持沸腾。用户对品牌的认知也一样。

我觉得品牌的本质是通过一定的形式，让消费者在成千上万的品牌里面能够记住你。这是要跟别人挑战的。为什么每年消费者能记住的就这些品牌？多少个新品牌在市场上打广告，还有老品牌在持续投放，怎么样让自己的品牌能够站住？就是我们刚才说的这些，需要一个大比例的投放维护，同时还要做调优匹配人群，才可能让这个品牌站住。

这些广告投入不会因为交易量的大和小发生变化，比如不会在做 1 万辆的时候，只需要 1 亿，做 10 万辆的时候需要 10 亿，而是无论多少都需要 10 亿。在小体量的时候，如果没有大局，品牌站不住，获客成本就会高。获客成本高体现在哪儿呢？我们俩都去买一个网址导航或者网站流量，两个品牌放在一起，你可能有 1 万个点击，我可能就是 3 万个点击，因为我的品牌比你大，消费者更认可我的品牌，这些都体现在效率上。

所以，我为什么说第二名、第三名很难守得住，就是因为上次我们聊到的势能。缺乏势能的时候，你划 10 下，对手划 1 下都比你快。我这么大体量，打了很多广告，可能亏钱比你还少。这又反过来影响到这个市场。

“因为体量小，所以不赚钱；因为不赚钱，所以体量小”

李翔： 因为你们一出来就很贵，有投资人说投资杨浩涌特别有面子，但赚不到钱。

杨浩涌： 不是说贵，但的确也是倒推的。我们算过账，打那一仗需要 2 亿多美元，没有办法。如果钱达不到，会导致我们的确定性不高。光打广告 1 个多亿就没了。我们当时看到行业里有一个很奇怪的现象：因为做不大，所以账算不过来；因为账算不过来，所以大家都很保守。

但我们又是最后进来的，怎么把它打破？我们跟他们一样，就凭着我们的能力强，执行力强？不可能的。商业不是这样的，你得有一个商业结构。

我们当时做过测算，因为体量小，所以不赚钱；因为不赚钱，所以体量小；然后大家就在里面耗着。2016 年我们测算过，在这个市场，在 C2C 模式下规模做到月销 2 万辆，账就算得过来。

倒推回来我们需要多少钱？那是下一个问题了。没办法，不是说我们有意识要这样，而是就得要那样一笔资金，才能在那个市场环境里跑出来。

李翔：我不知道有没有投资人不是很看好线下这么大规模开店？

杨浩涌：至少投进来的，应该都是认可、支持我们的新零售战略的，大家都觉得挺美好的。目前，传统二手车行业仍然挺落后，有 90% 多的市场都是在车商手上。我一直在说，任何一个市场，你要从消费者的角度去想这个事对不对、靠不靠谱，不要去看财务账算不算得过来，不要太去纠结 C2B、C2C、B2C 这些东西，这些不是本质。本质是从消费者的角度来说，你到底创造什么价值。

我刚才一直说，我们是用创新重塑这个行业，需要让消费者感知到，不能天天说我们没有中间商赚差价、便宜之类的，总得有一个东西，让消费者感知到你在改变这个行业。就像沃尔玛开出来之后，大家都知道它很厉害，在改变这个行业的业态。我们也一样，应该让这个行业不仅仅在价格、质量上，也在整个购车的体验上，相比之前有大幅的提升。

大家可能会觉得在这个大冬天（指大环境不好的时候），你们这么激进，一下开这么多店，但我觉得这个方向是毫无疑问的。因为倒推，我的“术”和“道”是通的，是对的。我的“道”往那个方向去，我的“术”跟“道”是对应的。作为消费者，你可以想象，我们在北京开出店来，在上海开出店来后，你愿意去哪儿？愿意去花乡[①]那样的卖场，还是到我们这种一站式服务的店？这是毫无疑问的。

只要你按照那个方向走，剩下的就是算账的事了。算账这事就很简单了，财务报表一拉，账上还有多少钱，下半年、明年还有多少钱，这个钱能够维持一两年还是三年，大家看明白了，你就往前走呗。

① 指的是北京花乡二手车市场，这是一个以旧车为主，新车为辅，兼搞配件、检测、维修、装饰等汽车服务的大型综合性汽车市场。

速度和安全的关系

李翔： 你把速度看得更重要，还是把安全看得更重要？

杨浩涌： 这两个不是绝对的（不是非此即彼的），有时候速度快是更安全的一种，或者像大家说的，进攻是最好的防守，你是要进攻还是要防守？

到今天这个体量，我觉得是这样的，我们跟投资人聊的时候，有两点：第一，我们的新零售跑得通。第二，速度。二手车这个行业应该是 721 的最后格局①，我坚信我们已经跑赢在这个体量上了，这跟我们过去两三年跑得比较快有关。

从这个角度来说，跑得快就是最安全的，因为这让我们在资本上获得了更大的优势。这两个并不矛盾。跑得快，导致我们身位领先，之后又可以得到更好的投资。

我刚才讲的，可能是偏“道”方面的速度和安全。至于“术”的层面，比如很多人会好奇，你的钱到底什么时候可以烧光。我不能给具体的财务数据，但我们的钱足够做这个事

① 721 格局指的是市场排名第一的可能占 70% 的份额，排名第二的可能占 20% 的份额，排名第三及其他的分享剩下的 10% 的份额。

情。因为说实话，这些店整个开下来，我们说花了 10 个亿，但这也是 3 年均摊的。其实还好，10 亿对我们来说还好。

李翔：你说线下店能赚钱，这个赚钱具体指什么？

杨浩涌：就是这家店把场地、租金、人员、广告费等成本的均摊全部做进去，成本全部摊进去，统计的时候这家店是赚钱的，不是一个虚拟的概念。

盒马、链家和滴滴

李翔： 做零售，除了你们自己的店之外，你还比较欣赏哪些公司的做法？

杨浩涌： 盒马，他们做得很好，复杂度高，数据体量也挺大。我们一直在说，这个跑道挺大的，未来的对手也挺多的，护城河在哪儿？可能护城河不止有一条，最好的情况是，你先把城池建起来，别人看到你的城池很漂亮的时候，你的护城河已经修了 10 条，别人很难去攻。

这种做法是我比较欣赏的，也是一些公司在做的。盒马自己也在开店，开店的过程中，我每隔几个月去逛，都会发现有变化。我们做零售的时候，把所有互联网公司开店的都去看了一遍，试图去理解零售的本质到底是什么，到底怎么搞。

一家零售店，完全数据化，我觉得这样的公司确实不多。绝大部分的公司，现在还处在有网站、线下开一个店，以为就有机会获客的阶段。

我相信盒马内部，从供应链开始，到整个东西的摆放，线上、线下的占比，再到对用户的引导，是由后台参与进行虚拟

场景的数据分析，然后应用到线下店的。传统的线下店，讲究店面的运营、堆头怎么放、怎么去做折扣、门口放多少个大气球，我觉得那些东西都是表象。那是完全不一样的打法。

李翔：你觉得盒马的速度是偏慢的吗？

杨浩涌：我不知道他们内部对这件事的把握。就我们来说，外面觉得我们速度快，其实是因为我们的把握可能相对更大一些，所以才会快。盒马毕竟是需要 8~12 个月的长周期来养店的，我不知道他们内部的数据。这是“术”上的快和慢。从“道”的宏观上看，如果有资本支持，是我的话，我会很快。这是两个层面的问题。

李翔：如果按照盒马现在这个速度，容易给对手留下空间吗？

杨浩涌：是这样，这是“道”的层面，我觉得其实可以更快。

李翔：为什么今年整个感觉很多明星的创业公司，都遇到了很多问题，包括来自外界的压力和评价？比如年初滴滴和自如[①]，一路下来，问题基本上没有断过，这是偶然的现象吗？

杨浩涌：我前阵子把美国历史看了一遍，里面说到了美国

---

① 指的是 2018 年发生的两起顺风车司机杀人案件和长租公寓甲醛超标问题，引发了社会关注，公众对这两家公司的讨论和指责也有很多。

的铁路发展史。当时各个州都在修铁路，然后开始涨价，不让外面的人进来，出现了一些保护主义。这是完全市场化的竞争。

后来国会出来一大堆人，说国家必须要制止这种情况。即使在完全市场化的国家，在那个场景下政府也要来介入管理，因为那是公共交通。

创始人的工作重心

李翔：你现在会把主要精力花在什么地方？

杨浩涌：说实话，过去一年我最紧张的，就是新零售这摊事。广告这些东西我们比较擅长，团队比较成熟，投放也比较靠谱。但零售是我特别紧张的，从决定开始做这件事，我就很紧张。历史经验告诉我们，在不擅长的事情上，你一定会摔跟头，它一定会回来敲打你的。好在到今天这个时间点，应该差不多了，新模式走了一年多，关于一辆车多长时间能卖掉、过段时间做什么动作，大的逻辑都跑出来了，给了我们一些信心。

李翔：你出门就是巡店吗？

杨浩涌：也不是，各个前线的人回北京，我要跟他们聊聊天，吃吃饭。我们有很多小组，每天在更新很多东西，都是细节。这些东西不是大概念，今天这个时间点，其实做得更多的是细节。我们每天对每个城市的数据做很多分析，有好的城市，也有不好的城市，数据有很多很多。我们周会是相关的小组坐在一起做很多讨论，数据好坏、有什么变化。我们每天在群里面分析当天的数据情况好不好，会讨论原因是什么。一直在调。

李翔：你的精力主要放在这上面？

杨浩涌：对。我觉得创始人有几个工作，除了资本、搭团队或者一些大的战略之外，要在变革比较大的地方多费心。我那天看了优衣库创始人柳井正写的一本书，里面说了一句话，我挺感动。那句话的大概意思是说，创始人是推动变革的一个核心力量。他说，改变不是说你脑子想好了，大家就往前去推了，其实在这些大的变革推进的时候，你要盯得很细，否则会摔跟头的；反而是那些上了轨道的，你不用太在意。

今天的“瓜子”，可以说，我们搭的这个团队，我们不做车了，去做别的，在很多领域可能都有成功的机会。比很多创业公司，有可能有更大的成功机会。

我们比很多创业公司少走一些弯路。假如机缘巧合不做车，或者做别的领域，不是说百分之百能成，但一般来说，会稍微好一点，因为钱更多一些，找的人更好一些，这是现实。

线下跑通，天花板就更高了

李翔：明年的重点肯定还是线下新零售吗？

杨浩涌：肯定。这条路上，我们刚刚开始布局，未来我自己比较乐观的是，我们找到了一种模式，这种模式一旦跑通，就可以持续不断优化。因为你不是一个完全的电商了，也就没有占中国电商市场份额多少的问题了。

在与汽车相关的几个万亿市场里，我能把我的效率做到足够好，体验做到足够好，就应该是不断增长的。理论上我们未来的天花板应该是更高了。

比如说，中国二手车市场年成交1000多万辆车，电商占比有一个天花板的限制，而我们"瓜子"布局线下后就没有这个限制了，并且能发挥我们的效率优势，能够做到更好，这是我们比较开心的。"毛豆"还不错，这是另一个市场。

李翔：其他公司不会也开始做线下，和你们走同样的路吧？

杨浩涌：其他公司没有做起来。对整个二手车市场而言，一个企业的真正壁垒是什么？因为我的效率比你高，我的获客成本比你低，我这个模式把价格报出来就可以赚钱，我周转比你快，最终又会反过来导致我的效率更高。

李翔：对手很难达到你们这个数据规模？

杨浩涌：是。数据规模导致了后续的效率，我们报的价格就是有优势的。其实最终是体现在价格上。如果你跟你的对手之间是同质化竞争，如果你的消费者体验是通过资本化来的，那就是资本的竞争。如果你可以通过产品形成差异化的体验，包括价格上的优势，那你就是有优势的。

李翔：2018 年，最颠覆你以前想法的是什么？

杨浩涌：你要问二手车市场有什么变化，我觉得这个市场应该越来越清晰了。关于我们的线下模式，现在基本上可以确信百分之百能跑通，但上半年还是处于逻辑上是通的状态。我们对这件事的理解越来越多，我挺享受这个过程的。这是一个无人区，我们自己也在琢磨，想这个东西，想那个东西。我们团队做了很多事，喜欢总结。至少我们对这个领域有一些观察，我们认为应该是对的：未来数据越大的公司，肯定会越接近商业的本质。

2020 年 4 月访谈

日期：4 月 27 日

地点：北京 898 创新空间

2019 年对于杨浩涌而言并不轻松。他在年初时拿到了软银愿景基金 15 亿美元的 D 轮融资，但没想到，资本迅速转入寒冬。

2019 年对于杨浩涌而言并不轻松。

他在年初时拿到了软银愿景基金[①]15 亿美元的 D 轮融资。按照他的说法，愿景基金原本计划在之后继续追加投资。这也符合孙正义的一贯做法，就是重仓一个大赛道上的头部玩家，给对方足够多的资金，让它能够完全甩开竞争者。

但没想到，资本市场迅速转入寒冬，标志性事件是 2019 年 10 月底软银愿景基金投资的明星公司 WeWork[②] 上市失败。2019 年年初，愿景基金以 470 亿美元的估值投资了 WeWork，上市失败之后，WeWork 的估值被下调到了 100 亿美元左右，并且在之后被进一步下调。

从 2019 年 9 月，杨浩涌开始主动对公司进行调整。如果说此前他最优级的目标是速度和规模，那

① 软银是孙正义在日本创立的一家科技公司，主要致力于 IT 产业的投资，软银愿景基金是软银发起成立的科技投资基金。

② WeWork 是美国一家共用工作空间供应商，主要是为初创公司、微商企业、自由职业企业家等提供办公场所。

么现在他开始追求公司运营上的精细化。简单来说，他要让公司的业务证明自己可以赚钱。

2019 年年底，媒体开始报道“瓜子”的裁员和优化行为，其中重点就包括“瓜子”快速推动的线下门店业务。

因为裁员和优化调整，2020 年 1 月，车好多宣布自己 2019 年第四季度实现整体盈利。而后不久，车好多宣布获得 2 亿美元追加融资，D 轮融资总额达到 17 亿美元。

不过，杨浩涌很快就发现，另一只黑天鹅正在飞来的路上：2020 年 1 月 23 日，武汉宣布封城。这种名叫新型冠状病毒肺炎的传染病所带来的影响远比大家想象得严峻。

疫情下的市场

李翔：你们怎么样？

杨浩涌：还行，反正一直在折腾。

李翔：最近见很多人都是唉声叹气的。

杨浩涌：肯定嘛，疫情对我们这种 O2O（线上线下一体化）公司肯定影响蛮大的。3 月份，我们车好多这边本来也是准备继 2019 年四季度集团整体盈利之后再次实现盈利的，结果一下子打下来了。

李翔：我去年年底的时候就看到有一些关于你们的负面报道，情况怎么样呀？

杨浩涌：我们当时上半年拿了软银的钱，后来到了九十月份的时候，其实我们整个增长都还不错，跟软银谈有没有可能再投一轮，软银挺感兴趣的，股东也挺支持的。后来因为一些原因，他们基本上把对外的投资全都停了。不过，这笔钱最后还是到了。我们去年四季度做得也还不错。

当时的情况是，整个市场变化挺大的，整个大的资本市场对这些高估值的公司会重新去看。

我之前总结，在任何一个行业，你要想拿到融资，市场非常大，我是行业第一，高速增长，这三个事儿说出去应该钱就会给你。但是下半年，整个市场面临着挺大的挑战。

我们的规模拉到这个程度，现在更多的是要看自身的发展情况。我们当时就跟团队定了一个目标：严选业务、全国购业务，应该有什么样的合理的利润值。今天仗打完了，商业模式跑到了这样一个体量，合理的成本结构应该是什么样子。一方面，竞争基本结束，需要回归商业本质；另一方面，用户的需求也在动态变化，从关注价格到更关注保障，我们需要加强服务保障，也倒逼我们降低成本，挤出利润用在保障上。

我们参考了美国的 CarMax——大概一辆车有 4 个点的净利，我们以这个为参考标准，确定了目标：单车收益多少，这个收益里多少是车的交易服务费，多少是金融产品的收入。另外，我们将成本做了拆解，在有四五个点净利的情况下，倒推回来算场地费、市场营销费用、人员成本多少钱。

我们去年做的动作完全是围绕这个东西做的迭代，整个倒推回来。我们做了很多岗位合并，包括代驾外包；我们也在看场地，是不是可以一个车位放两辆车，就像美国纽约的立体停车位一样，这样场地费就减半了。围绕这个角度，我们做了很多成本节约方面的东西。

后来到了 2019 年四季度，公司就开始盈利了，二手车赚钱了，“毛豆”也赚钱了。

回过头来看，我们面临的是淡旺季的问题。二手车是一个季节性非常明显的市场，旺季大概是四季度，3 月份是个小高峰，4 月份就开始平平平、下下下，下到六七月份是最低点，然后开始慢慢往上跑。旺季交易量大概是淡季的两倍。

那淡季的时候怎么去盈利？淡季的风险是场地费用会变高，那广告费就少一些，这是个均衡。我们把整个前线销售的底薪降了，把提成拉上去，然后我们中后台这些人员的薪酬尽量跟交易挂钩。

这方面其实我们是参考了链家。链家很有意思，它做了一整套体系，一方面可以让它外接外面的开放平台，把竞争接进来；另一方面，它的整个激励体系是围绕淡旺季问题做的。虽然我们的客户不一样，但它前线也存在“销售半年不出单、出单管半年”的情况，那这些人怎么长期稳定下来？我们当时看了链家很多经验，请他们来跟我们做分享，跟他们聊了很多这方面的东西。我发现链家真是有很多可以去学习的地方。

所以，我们整个薪酬体系是在研究链家之后做的一个类似的挖掘，到底怎么去搭，包括中后台尽量跟交易挂钩，解决旺季淡季的问题，因为你不能到了淡季以后人员荒下来。

我觉得还是挺幸运的。我们从去年九十月份一直调到今年1月份，做了开放平台以后把这个事儿看得更清楚了。1月份，我们把严选店当成平台上的一个车源的提供商，跟中国的十几万车商一样，消费者在全国各地都可以买到车，相当于我们也是全国购的其中一个玩家。这个做完以后，到了三四月份，我们的异地交易量已经占到很高的比例，发现消费者对异地买车还是认可的。

非常好的是，我们在春节前把这些都做完了，然后疫情就来了。春节期间打了“毛豆”的广告，打了四五天，效果还不错，后来一看疫情发展太快就赶快停了。2月份订单基本上没有，很多城市的店都关了。大家就各种讨论，前线也开了一个会。

我们受到的冲击还是蛮大的，更别说还有人员工资和各方面的成本——当时我们已经是一个大型公司了。

我们本来想3月份打一个高点，现在看来这个时间要推后了。

我们也在跟投资人聊，红杉、软银这两个机构的投资人跟我们跟得比较久，我们跟他们沟通也比较多，他们看到我们之前做的这些动作，也非常支持我们。

车辆交易的电商化

杨浩涌：我们做了 4 年多公司，一直在推的一件事情是，证明车可以在线上卖，而且可以在一个很大的体量下卖。到现在，“瓜子”“毛豆”的发展已经证明了这一点。我们一开始还担心消费者只看到图片和视频会不愿意买，现在看来也不是问题。用户都是看了图片，看了视频，看了介绍就下单了，我们把车以电商的形式发过去，然后他拿到车，整个购车体验跟在电商平台购物很像。

李翔：不需要去线下看吗？

杨浩涌：最后他拿到车是需要看的，但是这跟在电商平台购物一样，网上买了一个电视，不满意可以退，有一整套的流程。

2007 年、2008 年的时候，很多人也说怎么在网上买电视呢，摸不着怎么买呢？京东最早也是卖小电器，大电器是慢慢才开始做的。我觉得这个事儿一定会发生，效果也看得见。到现在，我们平台每月新车、二手车加起来规模化的销量，都是消费者在没有看到实际的车的情况下买的，这在中国已经发生了，国外的Carvana（美国一家线上二手车交易公司）目前还处在巨亏的状态。从这个角度来说，我觉得我们在全世界算是跑到了前面。这跟中国市场的体量有关——中国是全球最大的交易市场，我们做了很多的基础设施建设。

我们的定价模式跟其他家的都挺不一样的。在国外，德国等欧洲国家，包括美国，他们定的都是价值，我们定的是真的价格。我们刚开始做严选的时候，十几天就能做一次周转，其他家都得接近3个月或者两个多月，比如CarMax要57天。这样的周转效率，证明我们比传统车商有更大的效率优势，我们最终就能盈利。

这几年我们一直在折腾，从最早的C2C开始，到保卖，后来把金融做起来，然后开始做全国购。

全国购有点像京东的开放平台。我们现在跟京东、亚马逊很像，一方面做自营，解决电商里"快"和"好"的问题，保证现车，保证质量；另一方面做开放平台，让车商在平台上开店，通过平台卖。这个模式已经变得非常清晰了。[①]

---

① 在全国购业务里，车商可以把车放到"瓜子"的平台上来卖，但是车商其实在某种程度上只是提供了自己的商品，也就是二手车，仍然是"瓜子"的员工在销售这些车，包括提供售卖前后的服务等，是在产品上增加了消费者的选择，价格上也更多样。在一年之后，也就是2020年四五月份，杨浩涌和"瓜子"把开放平台再往前推进了一些。"瓜子"开始鼓励车商自己作为一个商户在平台上运营，自己提供服务，自己做直播来吸引消费者，卖车给消费者。这些车商可以在平台上形成自己的品牌，而不仅仅是把产品交给平台来销售。

我们的全国购还处在非常早的阶段，消费者退车还是退到我们这儿来。我非常期待未来车商能在我们的平台上做直播、去卖车、去回答问题，也只有这样他才能跟我们自营的产品竞争。

我最近看到有个 App，卖翡翠的，挺有意思。可以在网上买翡翠，而且很多人买。翡翠是非常不常规的，二手车至少还有个保障，翡翠买到了假货怎么弄？

李翔：叫什么名字？

杨浩涌：叫“对庄”，一对两对的“对”，庄家的“庄”。卖家在这里做翡翠直播，你跟他说能不能便宜点，他说 200 块钱让给你了。作为买家感觉还是挺爽的，真的有点做生意的感觉。

我们也得把车商这方面的活力调动起来，让他去做视频，做车型介绍，这一块他比我们有优势。车商不用去线下开店，把店开到我们这儿，就能完成交易，我们帮他触达买家。这样，这个模式就比较完整了。

到今天，这个商业模式不用再改了。自营也能赚钱，但“多快好省”你不能都占了，全国购占的是“多”和“省”，自营占的是“快”和“好”。

“毛豆”我们打的是差异化，我们跟 4S 店是完全差异化的。我们如果一开始就跟他们竞争，那早“挂”了，连汽车之家也没打过他们。

任何一个商业模式，比如在新车领域，如果你的商业模式一开始就依托传统的渠道，那就……拼多多在 2019 年 11 月份也做了尝试，看我们在做，他们也去跟主机厂谈了一个折扣，大家拼团就能省一些钱，然后去 4S 店提货。可是消费者一到线下就改变决定了，被别人撬走了，没有形成真正的闭环。汽车之家当年也做过类似的汽车团购，用户团购完，拿了券，跑到 4S 店，就都没了（指用户在 4S 店改变购买决定）。

另外，你在既定的行业一定要找到那个钉子。这里钉子的意思是它要足够尖，尖的意思是你要找到一个消费者非常痛的痛点，扎进去。最开始不要嫌那个点小，慢慢把它扎开。

“毛豆”的好处就是我们用两年多的时间真的找到了一个跟 4S 店差异化的点：首付 3000 块钱起。我们抓到了几类人：第一类是基层白领，就是那些大学刚毕业、月薪七八千的人，他们想买辆车，但是没钱。“毛豆”提供的服务就是首付 3000 元起，月供两三千块钱，于是他们说可以，我想买。第二类，高级蓝领，厨师、理发师、按摩师，这些靠技能吃饭的人，也包括链家的店长。“毛豆”低首付的产品解决了他们的刚需。

我们通过两年的时间，找到这样的人群的需求，通过品牌传达给他们，我们可以解决这样的问题。任何一个城市，消费者下了单，从最早的 60 天到现在 13 天不到就能拿到车。

这个钉子扎进去以后，疫情对我们来说反而没有那么严重的影响了。疫情期间，我们跟主机厂商有很多的合作。去年有一款五菱 730 在平台上卖，我们做了很多用户调研，根据用户的需求做了一些简单的定制：你不喜欢天窗，那就不要了，这个改成皮的，那个改成什么，效果还是相当不错的，两周多卖了 500 辆。另外，今年我们跟全国性以及区域性的经销商集团龙头做了对接合作。从这个角度看，我们有点像是个二网，二网在中国是个很大的市场。

内部说得最多的是信仰

李翔：二网是什么意思？

杨浩涌：因为经销商下沉不下去，所以市场上有一批人，依托于经销商，从经销商那儿拿车然后卖给消费者，相当于二批。在中国，二网大概销量是 1000 万。我们今年也开始跟广汇合作。疫情会让这个事情加速。

我们内部有个说法叫“活久见”，你只有活得足够久才能见到。我们跟团队说，一定要活下来，穿越疫情，等春天来。这次疫情对我们公司和行业的冲击都挺大的。已经上市的公司，财报你也能看到，非常惨。

我们也发现了自营的好处，就跟京东一样，因为有自己的货和自己的物流。车商在春节前屯了一批车，卖不掉，影响也蛮大的，最后就只能降价处理。很多人借了钱押了车，本来春节后有小高峰的，结果全没了。

所以，这个市场寒冬来的时候，我们比较幸运，因为我们过去在持续做效率优化提升（指车好多在 2019 年就开始做效率优化），这也是未来一年我们穿越疫情要持续做的一个事情。电商公司很简单，你的出路就是要不断把效率提升上去，用你省出来的钱去市场上做价格竞争，用更高的概率把车收进来；然后买家这端，你的体验越好，用户赔偿、保障这些东西做得越好，大家越认你。不但提升效率，还要省出这个钱来让消费者受益，这是一个很朴素的本事。历史上亚马逊、Costco（好市多）、沃尔玛其实都是一样的，就是不停地追求效率的极致。

李翔：今年确实比较特殊，你在内部会跟团队交流什么？

杨浩涌：今年，我们讨论的东西越来越多，跟团队聊得最多的一个词叫“信仰”。这是真的，不是说因为跟你聊。

我在跟大家说，疫情给大家带来了很大的冲击和挑战，那我们的信仰是什么？中国汽车消费这么大的一个市场，万亿市场，却这么落后——中国十几万车商，大的车商也就是千把辆这样的规模。随着电动车的发展，新车会有渠道的变化，会有一些结构性的变化[①]，这些都是非常好的机会。我跟团队说，你信不信这个事儿一定会被互联网颠覆？这就是信仰。对我自己来说，二次创业去做一些事情，再接受一次挑战还挺刺激的。之前（指“赶集”时期）卖广告很简单的，现在卖车可能有金融、保险、现金流，各种各样的问题，本身做这个事儿

① 指的是新的电动车公司往往会自建渠道，而不是通过以往的经销商来卖车。

挺刺激的。

现在我说这个事儿一定会发生，我不信这个事儿还搞不出来，这样的一个感觉。一定会有一家公司用互联网化去改造这个行业。我觉得我们作为一个算是头部的企业，应该要去带动这个行业走到下一个节点，我们为此做了好多事情。车商这件事情也是，如果他们在这个平台能够获得更多的用户，应该是可以薄利多销、提升用户体验的。就跟今天的淘宝一样，应该是这样一个多方受益的结果。

我们还在做平台担保，所有的消费者，包括全国购的退车都在我们这儿。这些人在平台上，我们给他们带来足够多的用户与生意，他们应该是在乎自己的品牌和口碑的。长期来说，一定会有一批新的愿意去拥抱互联网的车商成长起来。这些车商交易量更大，卖车的收益比之前要好，成本更低，也更在乎自己的口碑。这样的话，整个行业就起来了。

所以，对我们来说，第一，使命感越来越强。第二，因为我自己是做互联网出身的，现在看这个企业会发现，它一半是互联网企业，一半是零售企业。零售企业就要尊重现金流的管理、盈亏，包括线下店面的管理等。另外，我们又是一家互联网企业，每天都在看怎么让效率更高，怎么让业务都数字化，否则没办法做大。所以我们第一天就把所有系统都做了，所有的车从收开始，你看到的任何一个地方都要数字化。我们骨子里应该就是这样的，包括我们的管理，包括做车后，都是这样。我们最近还做很多社群的运营，现在我们让用户加微信，把他们拉到社群里。

互联网与零售的混合

李翔：通过微信群的方式？

杨浩涌：是。我们体量挺大的。我们想把这些人维护起来，建一个网络，这些人买完车以后，可以在我们这儿买保险、维修，或者是买一些车后的用品。

这让我们又回到了互联网企业。

说实话，我们越来越像一个混合性质的公司了。一方面是互联网公司，另一方面也补了很多零售方面的课。我们请德勤（全球最大的管理咨询公司之一）帮我们做线下店面管理的效率优化；请第三方公司做评测，每天在岗位上掐秒表，看同事状态怎么样、跟消费者交接的环节有没有缺失；还请了第三方公司帮我们在4S店调研，看看他们怎么做——因为不了解这个行业，不了解这些传统的玩家之前是怎么生存的，你可能就很难找到机会去思考自己该怎么做。

我们做的事一方面是信息，一方面其实是服务。这么多年，全世界如果还有电商没能啃下来的几块骨头，它们一定是有服务层面的东西在，否则早就被吃掉了。尤其是车这个东西，消费者需要了解，需要过户，有一大堆问题需要人处理，它还是个资产。所以，这是我们的价值所在，也是我们这样一个混合基因的公司的价值所在……

有互联网的基因——我现在越来越觉得在交易这边跑到地面上，到车后端又偏互联网了，这是一个不断探索的过程。很多产业互联网[①]公司跟我们经历了同样的过程，就是你在互联网和线下之间不断地迭代自己的思维方式，然后去演进。随着我们了解得越来越多，对这个行业的认知也越来越深刻。

我们之前不看 4S 店，最近我们开始真的学习，包括线下店面管理，都是一个成长的过程。我们刚进入这个行业时，说实话是有些无畏的，其实任何一个人都是有惯性的，包括我也是这样的。你越是在一个行业待得比较久，惯性会越明显。做“赶集”打了 10 年，头一年做二手车的时候，一方面觉得挺有意思的，另一方面我老觉得我在重复一些事情，包括像广告又打起来了。其实说实话，那时候你觉得应该是可以打赢的，没有太大的问题，这些经典的套路你都做过。因为你二次创业掌握的资源要多一些，的确就是你经历过，他没有经历过。那时

① 产业互联网是相对于消费互联网的概念。消费互联网更多的是直接面向个人消费者，而产业互联网是指将互联网技术作用于各个行业，提高产业效率，因此不仅仅是触达个人消费者，更需要跟产业链条上的各个环节、各个环节上的公司打交道，因此纵深感更强。

候我们就觉得线下招一堆人，线上打一些广告，流量一来，线下交易完成，把量拉起来……

李翔：很简单的模型。

杨浩涌：是的，挺简单的。今天为止，我们越做越重，重的原因是你越来越看这些卖车人的诉求，都是围绕着用户在走。当年做新车也是很朴素的概念，很简单的一些想法。今年开始，我们建这些仓库、建这些店，真正开始研究4S店，看广汇是怎么做的，看中升是怎么管理的，他们怎么去做这个事情。

今年我们在集团内部做很多这样的联动，跟4S店联动，比如北京大约60%的用户需求是二次买车，其他一二线城市40%，三线城市30%。所以，有置换需求，二手车跟新车联动。跟主机厂的人聊深度的一些合作。包括把用户拉到群里，把他们服务起来，从一次交易变成终身服务。越来越细，一边做，对这个行业理解也越来越深刻。

李翔：无论是买车、保险，还是维修，都蛮低频的，拉个微信群也没有什么互动吧？

杨浩涌：群是一个非常有意思的东西，它不需要太活跃。比方说如果你已经买了一辆宝马，二手的或者新的都行，我们会提供两个服务，一个是专家答疑，一个是保养。专家答疑是，如果你的车有问题，在群里问一句就有人回答，这个挺好的，这样就不会产生客诉，而且可能大家都有一样的问题。保养是，如果一些产品我帮你精挑细选之后，比如一个车载导航仪，你有兴趣看一看。

再往后，我认为这跟低频高频没关系。反正如果我买了辆特斯拉，有个特斯拉的专家在群里，随时能回答问题，比如灯灭了怎么回事儿，我肯定不会退群的。

很多问题都可以结构化，可以复制。

两次创业，不同能力

李翔：你开始做二手车的时候，应用了自己以往的很多能力。

杨浩涌：拿着个榔头去敲敲，看谁都是钉子。（笑）

李翔：现在回头看，你觉得自己长出什么新能力了吗？除了在“赶集”时就已经有的那套营销、管理、产品等的能力之外？

杨浩涌：我觉得“赶集”是一个非常纯粹的互联网平台，我们提供的是互联网内容的聚合，当时的挑战，是怎么让信息量更大、内容更多、用户更容易获取。那个时候更多的是怎么做流量，怎么做用户体验，怎么获客。

如果让我总结，第一次创业下来之后，学到的这些东西还是非常实用的。

从能力来讲，首先就是刚才说到的做互联网产品，做流量，建立自己平台的能力。

第二，品牌竞争，有机会每年有一个数亿元量级的投入，建一个全国性的品牌，让老百姓都知道。在传统行业，真正让消费者记住的品牌其实不多。从当年“赶集”的姚晨小毛驴[①]到“瓜子二手车，没有中间商赚差价”，我们已经把这个路走通了。以后可以出本书，讲讲品牌营销怎么做。

我们已经建立了一套比较底层的科学方法论：怎么让一个品牌被消费者记住、广告怎么拍、广告语 48~56 个字应该说什么、媒体怎么选择。我们总结了一套方法论，沸水效应等。而且很多人没花过钱，不敢花，但我们是花过的。今天再让我们打造一个品牌，我们还是很有信心。

第三，我们比较擅长管理线下团队，之前管过几千上万人的团队，也管过上万家代理商。确实当年 O2O 时期的能力，战斗力能排前三。

另外，我自己对资本的认识比别人要好，要看得更长远一点儿。可能因为经历第二次，我对资本没有太明显的幻想。有些人融资融很多钱会很激动，觉得很厉害，有光环和荣耀，我自己没有任何这种感觉。哪怕我们去年拿了软银愿景基金的钱，我也觉得就是个融资吧。我跟他们打交道很多，跟很多投

---

① 2011 年，姚晨代言“赶集”。在姚晨给“赶集”拍摄的广告中，一开始就是姚晨一边喊着“赶集啦”，一边骑着一头小毛驴走来，同时以儿歌“我有一头小毛驴，我从来也不骑”为背景音。

资人也有非常好的私人关系。

资本是把“双刃剑”，它有好的一面，也有残酷的一面，你没有经历过就永远不知道。如果是资本把这个战争挑起来，当发现继续投入没有必要的时候，资本就会来结束它。这些东西，经历过一次合并，理解就会不一样。我们（“赶集”）也是被竞争对手（“58”）先拉开，然后又追回来，打得比较激烈，最后通过合并结束了竞争。

所以，你看我一开始的时候就强调，创业者要有几个视角。第一个视角是终局视角，就是你在做这件事情的时候要想清楚它最后什么样、倒推回来要做什么，终局是跟市场格局相关的。刚开始的时候，我们为什么要那么激进地去 PK，竞争对手挺恨我们，也挺害怕的，因为我知道拉开距离的时候会变成什么样。在互联网行业，尤其是寒冬来了，一旦资本倾向你，你的团队也会更好。比方说这次疫情期间，大家就认头部的公司。如果能看清楚这一点，你就不会纠结当时多花了 1 亿美元、2 亿美元，都是值得的。因为如果走到合并的地步，那会是更大的一笔账。

我们可能是少有的大的行业里没有通过合并去结束竞争

的。美团、滴滴，基本上打到最后都是合并的。[①] 其实，你打不赢才会合，对资本来说，看着整个盘子变大了，但合并对双方的消耗都是非常大的，要面对团队整合的问题，等等。你把这些看明白，在早期解决，这是一个视角。

另外，很多的互联网企业，一定是拉到一定规模以后，模式才能跑通。我的获客成本只有竞争对手的 1/3 或者 1/4；每年 8~10 亿的广告费用；每个季度做消费者认知的调研，绝大部分人提到二手车会说“瓜子”。这 4 年就是这么建立的。我相信我们现在还在往上走。

这些都会导致说，浩涌挑起战争，融钱、烧钱，大手笔砸向对手，其实都是表象，本质是必须要到那个规模，才能做这个事情。

包括我刚才说的，为什么我们团队要相信，要有信仰。团队是需要有信仰的。这个东西越是在有挑战、有各种各样不好的时候，才越重要。我们年后宣布降薪，难免会有人因为这个原因选择离开，但更多的人选择留下来。就是我刚才说的，如果你相信这个事情，未来 5 年、10 年这个行业一定会被互联网改造。我们这个团队有能力，有机会把这个事情做成，它给

---

① 在生活服务领域，2015 年 10 月，美团与大众点评合并。在网约车领域，2015 年 2 月，滴滴与快滴合并；2016 年 8 月，滴滴与优步中国宣布合并。

大家带来的愉悦感和冲击，让你今年碰到的这些挑战都不重要了。拥有终局视角的好处是，不管是面对竞争，还是面对阶段性的挑战，你都会更坚定，不会那么纠结，不会一直想着我到底应该这样还是那样。

第二个视角是用户视角，就是消费者视角。想不清楚的时候，从用户和消费者的角度去看，你就会无比坚定。

我最近在推一个事情。我们网站有很多流量过来，这样一个低频的[①]用户过来的时候，会打一通电话。我就跟团队说，这个东西一定要改善，这是2010年前的方法，是非常低效的，是不应该在互联网时代存在的一个东西。我很坚决，我觉得消费者不应该被骚扰，内在的原因是这样的。

包括我们做严选，其实也纠结了很久。从撮合交易，到拥有资产、吃货（零售中指自己先买下货品），再到自建物流，这些事儿是很辛苦的。花了很多钱收车，卖不掉就砸手上了，中间还有资金的周转、跟银行的合作，这些其实都是做得“重”带来的各种各样的问题。我们是看到了消费者的痛点才做这些事情的。这个视角会让你做很多事情的时候更坚决。其实我们严选，全国建很多店，遇到了很多挑战，比如各种复杂的手续，甚至有周边的老百姓觉得二手车店污染环境去

① 买车卖车都是所谓的低频消费行为，一般几年才会有一次，与之对比，比如点外卖就是高频的。

投诉，等等。

这里面真的是有好多坎儿。我们最早的时候是用算法定价，后来定价分了两块，一块是收车的定价，我们根据车况，根据库存，根据历史数据报价；另一块是卖车的定价。我们定的目标是，车到了以后要在 14 天内卖掉。当时算法做了一个动态调价，它会根据用户的数据来调价。多少人在网上、多少人在线下看了这辆车，如果没卖掉，历史数据显示这个价格高了，就会调价。第一周、第二周、第一个月、第二个月、第三个月，是动态定价的。我们觉得这挺好的。去年春节之后，我们做了一个突破，不能人工干预，就让算法来定价。然后我们在去年上半年把服务费调了一下，觉得调高了应该就能挣钱了。后来发现因为用算法定价，我们让的价格刚好就把那个服务费给吃掉了。为什么？因为一堆车商看着我们的车，最后跟销售说，这辆车你帮我按着，慢慢降，降到我想要的价格我再买。

我们这边刚好有个顾问，定期会跟他沟通。他就说你傻呀，大宗产品不能这么定价。不仅是车商，消费者也会这样做的（指的是等商品降价后再购买）。基础的原理就是消费者对大的商品购买行为是不同的。如果是一本书或者一杯水，你说明天会便宜，他无所谓，直接买了得了。如果是冰箱，预期一周之后会降价，消费者就会观望。这是个基础原理，但当时我们不知道，后来知道了就赶快调。这只是一个例子，是踩过的一个坑。

你觉得互联网可以改造这个行业，其实背后还有人性这些东西。

李翔：现在算法怎么定价？

杨浩涌：现在就基本上不调价了，就是不能快速地调价，就跟小鹏（小鹏汽车）一样，一年以后调价，消费者还跟你不依不饶的[①]。不能调，宁愿送一些小福利。动态定价，任何一个消费者知道价格有可能降之后，他的消费行为都会异化。

比之前真的是复杂，那个时候核心竞争力在于互联网的获客能力。因为疫情这件事儿，对长期想得更远一些，如果能做成了我也就没什么遗憾了。之前很多记者问我的时候，我都在说，我们做这个事儿的过程挺嗨的，挺有意思的。现在会有个变化，这个事儿我一定要把它做成，我还不信了，这么大一个行业改造，是非常有价值的一个事情。

而且我觉得全世界我们是走在前面的，真的。没有人证明车在互联网上可以被买卖，而且是在一个大体量下。我们正走在这条路上，再给我们 5 年、10 年时间，这个事儿一定会发生，

---

① 小鹏汽车是一家智能电动汽车设计及制造商。2019 年 7 月 10 日，小鹏汽车 G3 2020 款车正式上市，性能比 2019 款更强，但是定价反而比 2019 款低，于是引起很多老用户的不满，进而引起大批人维权。

一定会把这个行业改造好，交付给消费者。

李翔：我是不是可以理解成，做“瓜子”或者做车好多之后，新的能力其实是对算法的理解更深刻了，线下零售的能力更强了？

杨浩涌：就是提供服务的能力吧。

李翔：这两个能力是之前做“赶集”的时候没有的吗？

杨浩涌：对。还有我们在重资产方面的积累。

和平时期才能搞建设

李翔：2019 年 2 月底宣布软银那轮融资[①]的时候，你们对市场的判断是什么？拿这么多钱应该还是有一个高速扩张的预期吧？

杨浩涌：是。

李翔：是 2 月底宣布的？

杨浩涌：对。我回忆一下。那轮融资本来是 1 月份做完的。当时融资的时候，其实我们基本上已经把严选的规模拉起来了，然后有一个假想，就是未来会发生什么样的事情，这个模式未来会是什么样子。

那个时候，我觉得严选肯定是能跑通的。随着不断优化，我们的效率比线下高。我周转比较快，包括人员效率、人均单产都比较高，所以我相信这个事儿，这是我当时的逻辑。

当时我已经在跟投资人说，任何一个伟大的商业模式，效率高，就一定能跑出来，消费者也能因此受益。我相信这个事

---

① 2019 年 2 月 28 日，车好多正式宣布已完成 15 亿美元的融资，投资方为软银愿景基金。

情，觉得技术改变世界的事在每个行业都会发生，在汽车这个行业也会发生。他们（软银）坚信这一点就投了我们。车况非标准化、定价非标准化的行业，刚好是大数据算法可以改造的行业，而且中国市场这么大，所以他们非常兴奋。

“毛豆”也是，就比较简单，因为那时我们已经跑到头部了，看起来效率也比其他人高。另外，他们觉得这个行业是个大赛道，一定会出来一个市值百亿美元的公司，你跑得更靠前，效率又比较高，他们就觉得那一定是你。

李翔：当时的逻辑是不是拿钱之后再去砸线下，然后迅速地铺线下店？因为我记得 2018 年年底我们见面的时候，你说会把开线下店作为一个很重要的工作去做。

杨浩涌：是的。严选依然是非常重要的模式，是可以跑通的，我们在一些店上也做了验证。2018 年的时候，我们希望可以跑得更快些，2019 年年初资本的进入，让我们也加快了严选开店的速度。到了 2019 年下半年，资本市场的变化、竞争环境的变化，让我们觉得可以将速度慢下来，一边开一边调整。实际上，每一种商业模式服务特定的用户，不是严选就能解决所有用户的问题。它怎么做到效率更高，成本更合理，长期都是在调整过程中的。就像即便到了今天，沃尔玛、家乐福这种老牌零售商每年也都在关店和开新的店。这是零售的常态。严选这个模式我们刚做几年，很多看清后，会不断地调整。

李翔：我记得我们上次见面的时候，已经在说资本市场有点不好了，就是2018年年底的时候。

杨浩涌：2018年年底还可以。基本上是从2019年四季度开始的。我当时跟你聊的时候，软银都差不多决定投资了。

李翔：对你自己而言，你感觉到资本市场的变化是从2019年上半年开始的？

杨浩涌：对。发现资本市场会有一些不确定性的时候，我们就在做优化了，一方面在拉量，一方面调整UE（Unit Economics，单位经济模型）。它们就像两个水龙头，这个大一点，那个就小一点；这个小一点，那个就大一点。所以，我们真正调这块跟资本没有关系，在发现算法可能存在缺点的时候就开始做了。那时候觉得这样不行，肯定亏得厉害，你的服务费拉不上来，价格又折上去，肯定是不对的。

后来发现整个资本市场受影响的时候，我们当时定的目标就是要在来年（2020年）二季度看到盈利。那是在2019年9月份的时候。二手车团队他们做得比我预想的要快。把什么都给他们看的时候，他们比我还坚决。到了12月份的时候，提前两个季度做完了。我本来说3月到4月做出来，他们12月份就做盈利了，反过来面临的挑战就是淡季还能不能做到。

李翔：我记得2019年大家看到的表现就是你们会去关一些线下的店。

杨浩涌：对，更多是调整一些店，很多店我们关了，又在城市的其他地方再开了起来。就是我刚才说的，围绕单车 4 个点的利润倒推回来。如果你的收益只有四五个点，投入上这几个比例是可以调的，人力上的投入、场地的投入，唯一我比较确定的是营销费用在持续往下走，因为我们现在每年投入 8~10 个亿，这块已经很熟了，在“赶集”保持这个量我们做了七八年。所以倒推回来，就能知道这个结构到底应该是什么样子，场地、团队等。

李翔：你当时要求团队打平，当时是怎么跟团队讲的？提这个要求要做什么铺垫吗？

杨浩涌：不需要做铺垫。公司都到这个体量了，也没有竞争了，再不打平就说不过去了。只不过是什么时候打平的问题。如果有竞争，你就必须补贴，或者为了防止对手反扑打更多的广告，但去年所有这些东西都不存在了，我们有更好的环境了。

我一直在说，和平时期才能搞建设，战争时期很难去抓经济。一旦到了和平年代，就要让自己更好，这个逻辑是一样的。去年下半年，我们创造了很好的环境。那时候竞争对手这边慢慢没了声音，我们开始更多地看向自己。我们有一阵子跟人人车是紧咬着的，尤其是滴滴在 2018 年 3 月份给人人车投了几亿美元的时候。当时，它的单车获客成本是我们的好几倍，我们判断它再扛 3 个月就不行了，后来果然不行了。

所以，去年下半年是个好的场景，一方面是竞争的结束，另一方面是资本市场的要求，所有这些导致我们的效率比其他车商要好。

李翔：所有这些动作不会对团队的情绪产生影响吗？因为大家都会把它解读成一个偏负面的东西。

杨浩涌：我们内部层面沟通起来还行。说实话，因为我当时跟带团队的两个负责人——一个运营的一个带前线的——沟通这个事儿，他们是高度认可的。我们跟区总（区域总经理）做过沟通，他们还是挺认的。因为我们跟他们说，将来我们要面临上市，是到了我们要自己养活自己的阶段了。这个理念如果认同，就按照利润率倒推回来，就去调整。

沟通是非常非常重要的。管理的核心，最重要的是他相信不相信这个事儿。如果他充分理解，某种程度上就会好很多。所以一直到区总层面，大家都是高度认同的，觉得这个时候就应该盈利，应该怎么做。我们当时是把整个单车 UE 的财务拉给大家看，一个合理的利润应该是多少。我当时把权力交给他们，让他们来想怎么办。

重新理解新零售和线下门店

李翔：之前我们聊了蛮多的，你当时对线下店有很高的期望。

杨浩涌：是这样的，今天对严选依然有很高的期待，严选服务的是对车况、体验有要求，但对价格敏感度不高的用户。用户的需求永远是分层的。但当你节奏变慢的时候，之前对店的预估，因为量级的变化，它的均差会变大。很多店面的调整跟这也有关系。那是个倒推回来的结果，如果我们把速度降下来，年底每辆车是这样的成本的时候，它是什么样子就是什么样子。这样一个倒推的结果，我们之前的假设在一个更大的量级。

李翔：那个模型——把线下的数据线上化，用来指导定价和卖车的行为——怎么样了呢？

杨浩涌：目前模型还是成立的。包括今天，对好几万辆车用算法报价已经十分成熟了。包括收集线下数据，我们做了很多动作去做效率提升，没有这些动作，也不会有今天这样一个东西。

李翔：现在的调整算是试错之后的一个新的路径，还是对原有路径的调整？

杨浩涌：我们当时围绕互联网改造或者说数据化改造做了很多事情。它有很多方面，是一整套逻辑，但无外乎人货场。人的层面，是怎么更高效地做人和车的匹配，这是没有改变的，直到今天还在继续做。货，是刚才说的对每辆车用算法定价，经过一年的时间，已经非常成熟了。2018 年的时候，算法还在一个亏钱模式，今天已经久经考验了。今天看任何一辆车，尤其是疫情期间，它都在用算法自动定价去卖。场，是你要围绕车、货品相关的东西来改造场地。

在这个之外，又有一个围绕单车盈利的模型，那是一个大的模型，收入减成本等于利润。这些都是要优化的，没有这些匹配的效率，没有这些定价模型，出不来你要的几个点的毛利，应该是这样的。

李翔：我记得当时你对新零售是一个很兴奋的状态，但这次更多地会讲它是电商的一个模型？

杨浩涌：到今天为止，我还是挺自豪的，就是我们这些店的所有流量还是来自线上。也因为这样，到现在为止，我们能够在店面的成本上游刃有余，可以去调。这对传统店来说是不可想象的：你开了一个店，突然搬到另外一个地方，销量肯定掉一半，你要做大量的宣传让消费者知道你搬家了。但这对我们没有任何影响，今天我哪怕找个露天仓库或者一个野外的大操场，销量也不会掉。所以，这个东西到今天为止，它的核心还是在的，无外乎当你掌握更多数据的时候，你就有机会对这个东西做更好的优化。

就像我之前说的，一瓶矿泉水，把价格放上，就知道会卖多少，这是亚马逊做线下店时的优势。我们也没有任何改变，任何一辆车，我报出价格的时候，就已经预测了能在多长时间，以多大的概率卖出去。这是我们能够让每辆车都赚钱的最底层的东西，也是传统车商没人能做到的。车商收车报价的时候，对他来说越低越好，多少天卖掉呢，靠天吃饭。

今天，任何车我们去报价都是基于算法定价的模型，我们会预测多长时间、多大概率这两个参数，以及报出的价格有多少利润。就像亚马逊卖一瓶水，价格是两块还是一块九对公司收益最好，算法是有预测的。

李翔：在你的新规划里，线下的门店会扮演一个什么角色呢？

杨浩涌：现在这些门店，首先它还是一个场，没有这样一个场，消费者很难集中地去看车、找车。我们对车的管理在这些场地还是存在的，比如每辆车放在什么位置、应该怎么摆，在后台都是可见的。只是因为在量上，之前飙得很快，我们做了一些调整，速度先下来再往前走。

李翔：之前你提到电商化，说很多用户会直接在网上看车，下单后你们直接把车发给他？

杨浩涌：对。我们有两块，除了瓜子严选，还有一个全国购，车商把车放上来，车商来定价。我们的算法会给他一个建议价格，要求他的定价不能超过建议价格的130%，因为高过那个价格我们就觉得你大概率是卖不掉的。这个模式，叫开放平台也罢，叫全国购也罢，其实是个更电商化的模式。

李翔：车商不需要把车放到你的仓库里？

杨浩涌：一我们不吃库存，二我们不用开店。

李翔：只是退货的时候退到你这儿？

杨浩涌：嗯，对。消费者选择开放平台很重要的原因，第一个是的确货品多很多，选择一下多了很多；第二，在中国不同地区的确存在差价。对消费者来说，在不同城市，比如在北京与内蒙古，一辆车差价就能达到一两万块。所以，一是有更多的选择，二是的确帮他省钱，尤其是外地选择少的时候。对车商而言，这种方式的效率更高，基本上可以让异地的车商直接触达买家个人。

李翔：自营跟平台的销售比例是多少？

杨浩涌：一方面，我不知道车商绽放出活力以后会是什么样子。另一方面，我们这边的效率也在不断迭代。这次疫情，我们的自营就恢复得很快，很明显这个时候消费者更信任我们交付、送车上门，觉得比较规范。很多车商这次受冲击比较大，他们没钱收车，也比较保守，受过一次伤以后，报价更低。长期来说，我挺期待开放平台的，因为我们说的车商到平台来直播的事情还没发生呢。慢慢来。我觉得应该是可以的。

李翔：车商现在对你们是什么态度？

杨浩涌：之前我们刚跟他们接触的时候，他们肯定是天天"踩"我们。不过反正我们对车商的策略是不成交不收费，你把车放上来，报一个价格，如果成交了你就挣钱。所以越是小车商越欢迎我们。这就是为什么一个市场越分散，平台的价值越大；越集中，平台就越辛苦。如果市场非常分散，平台能给他带来更多的销量，比如让他的销量上涨个两三倍，他当然没必要去线下开店了，直接在这儿搞直播就行了。

李翔：无论是当年的京东，还是后来的链家做贝壳找房（后文简称"贝壳"），感觉从一个大的自营品牌到一个平台，其实都是一个还蛮周折的过程，你们怎么样？

杨浩涌：是。我们从很早期发展到现在，突破预期的这样一个体量，这只证明了一件事儿，消费者在网上买车这个行为是可以的。但我觉得围绕车商的运营还是特别特别早的阶段。现在是我们派评估师上门把车评估下来。成熟以后，他（车商）应该自己上门，自己担保质量，退也退给他，这些都还没有发生。相比京东、美团，我们运营车商才一年不到。这次疫情期间，他们的确挺难的，我们有一个扶持计划。估计很多车商等疫情过完以后，去二手车市场租门脸都会觉得有压力。我们这种方式因为是线上的，也不收费，好一些。疫情会加速这个事情。

任何商业模式都会不断迭代

李翔：你们一路走来，开始的时候做 C2C，后来做保卖、严选，再到现在做开放平台，这些模式是你一开始没有想到的，还是说想到了，但要到一定的阶段再做？

杨浩涌：没有想到。刚开始以为 C2C 结束战斗了。很多东西你在刚开始是很难认知到的。刚开始，任何一个创业者都是带着一个榔头进场的，先敲一顿再说，发现没敲动，再看看怎么回事儿，然后造一个工具出来。这也是乐趣所在，因为它就是一个认知不断迭代的过程。

今天让我去看新零售，跟当年也不一样了。当然，它的本质还是在的。我觉得理论这个东西，越高端、越抽象就越容易准。但是跟团队讨论事儿，越具体、越场景化，有价值的概率就会越高一些。理论的层面，抽象的这些东西都是在的，今天还是这样的。

任何商业模式都会不断迭代，包括“毛豆”的算法每个季度都会调一次，根据前端的销量来调整。我觉得这个东西底层是对的，不管是人、货，还是场，当你掌握更多数据的时候，你一定有办法比那些掌握数据少的人达到更高的效率。底层的逻辑是这样的。

具体到落地的时候，一个商业模式还有很多种解法，具体怎么打跟你的团队、认知、资本相关，还跟你对消费者的认知相关。而且你没到那个规模时候，你想也没用，没得搞。但是底层没变。

李翔：我会好奇，你的同事，可能还有些投资人，他们会带点调侃的意味说你每次跟他们讲的都不一样吗？

杨浩涌：还好吧。我觉得从投票的角度讲，把钱投给我们就代表还是挺认可我们的。包括跟软银聊，他们本来预期，电商嘛，可不就是上市以后好几年不赚钱，重要的是你现金流别断了，要在这个基础上持续增长。

去年我们需要调整结构，是跟他们（投资人）沟通过的，然后去做这些，我们执行的结果还不错。我们的投资人相对都比较成熟，他们都投入挺高的，沟通起来没有什么障碍。当初我们去拿钱的时候，我说的是我们会是这个行业领先的，这个行业一定会存在这样的机会。早些年融资，市场足够大，行业足够快，钱就给你了。到今天为止，他们也相信这个。

李翔：所以，你们能做到说盈利就盈利？

杨浩涌：到了这个规模之后就是这样。首先，团队执行力还不错；另外，到了这个时间点，我说比较实在的话，也该盈利了。

李翔：为什么能说盈利就盈利呢？

杨浩涌：我觉得很多事情，它在一定规模下就能算得过账来。电商是很明显的。我举个例子，我们最早一年投 8~10 个亿广告的时候，一个月卖 800~1000 辆车，一年卖三四万辆。打 10 亿广告，单车品牌费就超 2 万。那时候怎么可能盈利？2016 年、2017 年，甚至到 2018 年，一直在为规模让路。

就好比京东盈利是很快的，一旦规模上去，调整毛利，它很快就盈利了。包括把平台一开放，收益也非常高，到今天没库存，就一个人力成本。那是规模下的一个东西。

所以，我倒不觉得惊讶，跑到这个体量，在这个领域，没有理由不挣钱。

包括今天“毛豆”，我们也在权衡规模和盈利的平衡。电商平台一定是越到后来越容易。所以，我们能盈利不是我们有多厉害，是我们跑出了体量。

李翔：关键是规模？

杨浩涌：是这样的，没有一定的规模肯定难。

李翔：我忘了之前是你讲的还是另一个人跟我讲的，说如果当年阿里不着急做盈利，再等一段时间，可能京东就长不起来了。

杨浩涌：不是我说的，但我觉得这个逻辑是对的。如果"58"当年不上市，也没有我们（"赶集"）的机会。就是这样，和平时期才能搞建设，当你有大战的时候，你的导向、你的关注就不在这上面了。拼多多就想得很清楚，它为什么花这么多钱打广告？资本市场现在不要求盈利，它当然尽其所能地完成扩张，先拉到那个体量，升级可以以后再去搞。阿里就吃了这个亏。

李翔：所以，资本要求你盈利了，我指的资本是外部的大环境要求你盈利了，你才来做盈利？

杨浩涌：对。永远是两个水龙头在拧，这样一个状况。

李翔：2019 年你看到 WeWork 上市失败的时候，你是什么感受？

杨浩涌：我对它不了解。只是当时觉得第一我们本身在调。公司到这个体量需要持续赚钱。当时我们内部谈的时候，我们要考虑到在没有任何融资的情况下活着，今天还是这个要求。

李翔：软银投的几个比较头部的公司或多或少都出现了一些调整，我不知道这对你心态上或情绪上会不会有一些影响？

杨浩涌：我们都是按照自己的节奏在走的。

李翔：你刚才一直在讲现在已经处在一个没有竞争的状态

了，这个点是从什么时候开始的？你是从什么时候下的这个判断？

杨浩涌：软银投我们的时候就有这个判断了。但是节奏是在变化的，我们继续往前走，同时在调，后来发现可能有些变化，节奏就慢一些。今天反而会看得更清楚，调完以后，我们像一个水池，这边往外抽水，那边进水，不停调整节奏。一旦持续地去灌水，你就会知道这个水会不会流干。

商业模式必须被验证

李翔：你自己也做投资，你会怎么嘱咐那些被投公司的CEO？确实大环境的变化还是蛮严峻的。

杨浩涌：我觉得还行。我们投了一批公司，还挺好的，一些教育类的公司，包括我之前的技术 VP（副总裁）罗剑做的火花思维[①]。整体来说，这些创业公司，在这个时候跟他们聊，都会说，得先活着。就是刚才说的"活久见"，你虽然有信仰，一定要活久了才能看见。在任何时候，大家应该沟通的都是你的现金流。今年绝大部分投资者都是这样，除非那些特别知道自己是在做战略投资的。今天这个市场上，一堆比我们惨的，比方说海外华人旅游用车、餐饮这些。之前有个同事说是被砍了"三刀"，疫情是最后一刀。

李翔：还有电影公司。其实就算没有疫情，这几年很多公司也开始收缩了。

① 火花思维是一家 K12 领域在线儿童教育平台。

杨浩涌：没有疫情会好很多。我担心会对用户的购买力产生影响，所以我们在观察。如果一切都是短期的，大家该买车还是会买车。当年 SARS 之后，新车消费就有一个报复性的反弹，毕竟买车出行更安全。现在看这个东西的影响，我感觉也挺长远的。

李翔：在疫情之前，无论是一级市场还是二级市场，都有一些不太好的信号。

杨浩涌：你说得对。疫情对盈利模式非常不清晰的公司冲击是更大的，影响很大。

李翔：我觉得比较震撼的是，你看很多受影响的公司都是非常非常明星的公司，比方说 Uber、WeWork、Airbnb。那天我开玩笑说，可能我们现在要集体为创新信仰充值。你觉得是为什么？

杨浩涌：我觉得是这样的，我们跑到这个阶段，然后能迅速调整。但是我觉得相当一部分公司在高估值的时候，它们的商业模式没有完全跑通。未来非常好的结构给它们提前带来了高估值，这个估值在资本市场被挤掉了。一大堆公司都存在这样的问题，这个冲击很大。模式被验证其实问题都不大，都是该干吗干吗。有影响的都是估值很高，但商业模式没有被验证的。我们还好，看起来没有影响，因为后来迅速把商业模式验证了。

李翔：所以你是用实际行动表明你们的商业模式是可以被验证的。

杨浩涌：这是我们跟它们的区别。之前我们也是高速增长、烧钱比较多的公司，但我们迅速证明了我们不是个伪模式，我们不盈利是因为不想盈利。很多创业公司也是这么说的，说我不盈利是因为不想盈利，说现阶段追求的是速度。如果不能证明，这样的公司就会受到影响。剩下没有受影响的，是那些模式被验证了的公司。

李翔：怎么判断一个模式能否被验证？因为所有的公司都会讲这点。

杨浩涌：UE 要是正的，收入减成本等于利润。

李翔：但是它（UE）是动态的。

杨浩涌：对。或者这么说吧，一旦出现了这些问题，加上疫情，这些公司需要像我们一样证明自己是可以的。就是别假设了，你要做给我看看，如果你做不到……一堆公司都面临这样的挑战。从这个角度来说，我们是幸运的。

李翔：其实是你们的规模刚好过了那个点，可以迅速证明自己。如果规模没到，可能也会遇到一些问题？

杨浩涌：如果你在市场上有定价权、体量足够大，不挣钱不可能，中间可调整的空间是比较大的。

调整、降薪和团队

李翔：你后来见到贝佐斯了吗？

杨浩涌：美国都不怎么去了。DST 的尤里·米尔纳说帮我们介绍。我当时希望有一天能去，他（贝佐斯）应该会好奇网上怎么卖车。大家都是电商，我会跟他说车可以在网上卖，而且在大体量上是可以的，我们做到了。

李翔：过去一年多，你有见到什么给你印象比较深或者有些启发的人吗？事儿也行。

杨浩涌：我觉得电商会有大变化，会有一波新的增长。我觉得消费者接触商品的形式变化了，不管是社群、直播，还是淘宝的信息，都变了，之前消费者其实都是被动的。我跟徐新（今日资本的创始及管理合伙人）打电话打了快 3 个小时说这个事儿。

举个例子，你去商场买东西，买完就走了，之前的京东、淘宝都是这个模式，你得去看一看、搜一搜。今天，无论是直播还是信息流和社群，其实都一样，是商品主动在找你。你的消费被放大了，看的过程中不知不觉买了一些本来没有想买的东西。

前一代的电商是商场，它没有导购，没有人介绍，你进去拿了东西就走了，所以，消费者到那儿是满足刚需。今天更像步行街，你在逛的时候，因为外界的影响，买了很多你本来没有想要去买的东西。

直播本身是一个触点，触点发生了变化，带来了这波巨大的增长。最近，不管是美团还是京东，又回来了，包括淘宝增速也挺快的。这对传统行业又是一个大的冲击，我感觉是这样，影响还挺深远的。

李翔：你过去一年状态怎么样？

杨浩涌：挺好的。我现在每天跑步。

李翔：多远？

杨浩涌：5.4 公里。我是属于这样的，越是有挑战越兴奋。可能跟我骨子里的东西有关系，这个事儿如果太简单，我反而会觉得没意思，越是有挑战，我越想搞定它。兴奋型的。

李翔：这种外部环境的变化对你有什么影响吗？因为确实过去一年多还是挺折腾的。

杨浩涌：创业者永远处在一个轻度焦虑的状态，你总在担心一些事情，好像是在以轻度的焦虑治愈未来的不确定性。你对事情有个判断，后来发现它不像你想象的那样，就会根据大环境做一个动作去调整。我们在内部做了非常密集的沟通，搞了一个组委会，解释为什么会有这些变化。包括我们去年 12 月份做好的规划，现在 2 月也在重新做。疫情是不是 4 月底就结束了，当时很多人这么觉得，现在觉得年底也未必，成持久战了。我们当时还期待 4 月份业绩会有一波反弹呢。

李翔：你指的是报复性消费？

杨浩涌：现在很现实，大家都是这样一个状况。

李翔：跟大家提降薪的时候，我相信大家理性上是可以理解和接受的，但是感性上还是会觉得这是一个蛮大的冲击吧？

杨浩涌：我觉得应该是倒过来，感情上可以接受，但是理性上，少了不少钱，无法接受，怎么跟老婆交代？在我们这儿应该是这样的。我们沟通的时候，讲了很多原因，说现在这个阶段，大家要一起努力，别公司没了，所有人做这件事情就都没有意义了。所有人都说，我们很理解。大家情感上是会被我们感染的：浩涌，我支持你，你说的有道理，但是回过头一看这个月兜里少了这么多钱……（笑）

李翔：包括从去年的调整到今年的降薪，肯定会带来一些人员的流动吧？

杨浩涌：肯定会。

李翔：这种东西你怎么处理？还是认为它就是信仰问题？

杨浩涌：降薪只有两个月。即使没有疫情，不降薪，可能也会有人员流动，除非你在腾讯的游戏部门，确实待着挺嗨的。很多公司，包括一些明星公司，它们受到的冲击也很大，所有人都在受影响。

我是觉得在任何一个公司，你都不能指望所有人干超过 5 年、10 年，这永远是个比例问题，就跟再好的车也有一堆人报问题一样。无论是市场差的时候还是市场好的时候，员工几方面的诉求都要被满足，包括物质的和精神的。长期来看，还有成长的问题。如果他在这个公司干活的时候很嗨，更深一层还有信仰的问题。我能解决的是干活嗨不嗨、会不会有成长的问题，在意这些东西的人对另一块在意的就会少一些。

我觉得人是综合的。刚才说情感的层面更多一些，还有有没有加薪、有没有升职这样一些影响因素，包括头条、快手都在挖人……

我们是一个创业公司。“赶集”曾经走了 2/3 的人，2014 年、2015 年特别好的时候，一堆人跟我们说，挺遗憾的，没跟我们一起经历当时那样的情况。我们现在比当时好多了，可以迅速调整过来。这个公司是为了活下来，我们做的所有事儿都是为了让公司坚持下去。所以，我觉得还好。

张一鸣、李想、黄峥和左晖

李翔：跟你同辈的创业者里，你比较欣赏谁？

杨浩涌：张一鸣比我小。我觉得他做的事情是另外的一个东西。他现在的业务和公司组织设计，我不知道他是有意的还是无意的。

认知是要不断迭代的。李想也是这样，每隔半年都不一样。好的创业者就应该是这样的，在迭代，在不断反思，反映了他在那个时间点的真实状况，你不要纠结他是对还是错的，没准儿半年、一年之后，他又有了新的有意思的想法。

我们那波创业者其实挺多的。我有一些比较熟的人，我特别喜欢隔一段时间聊一聊，每次隔半年跟他碰一次，双方都挺享受的。跟李想，跟徐新，都是这样。刚才我说的触点，就是她（徐新）跟我讲到 2 个小时的时候，开始有这种感觉，挺有意思的。所以，人是动态的。

李翔：之前马云在内部说，经常有人对他说，马总，您上个月不是这么说的，然后马云就会说，恭喜你，说明你老板进步了。

杨浩涌：是。好的创业者都应该是这样的，每次聊他说的都不一样。

李翔：你说黄峥（拼多多创始人）让你有点意外指的是什么？

杨浩涌：拼单其实是把货品跟人的接触方式重新做了一次组合。我之前没概念。说实话，我们看事情都会带着一个既往的视角，会觉得电商都差不多，事后总结，说得一套一套的，说触点这个很厉害。

我觉得他给股东写信就是在帮自己梳理思路，这挺好的。我主要是懒。但我在想，如果我写，会写什么，肯定是一些比较长期的东西，写我坚信的东西，今天的挑战是什么，应该做什么事情。这些东西能帮我梳理思路，黄峥就是用这种方式梳理自己的思路。

李翔：你跟左晖是什么时候认识的？

杨浩涌：好多年了，我在“赶集”的时候。

李翔：他们挺厉害的。

杨浩涌：是挺厉害的。

李翔：疫情期间，我走过链家的门店，发现虽然没有生意，但大家都在上班，感觉特别有秩序。

杨浩涌：链家的管理，其实是他（左晖）在自己行业里十几年迭代出来的。我们做“赶集”的时候，看到链家网有好多内容，一个传统的房地产公司做了一个互联网网站，那个时候觉得意外。就像华为刚开始做手机，也有人觉得肯定不行。链家是经历过一波一波迭代的，从链家变成链家网，在链家网之后又做了贝壳。你跟他聊的时候会发现，基本上每隔两三年他就会做一次改变。他跟我讲，每次都是阶段性地折腾，折腾完以后，对销量都会有挺大的影响。

李翔：上次我碰到一个贝壳的朋友，说你是他们的顾问。

杨浩涌：没事儿聊聊天，因为两边挺像的。我们的数据化他们挺羡慕的，我们研究他们的薪酬体系、管理体系。我们两家都做开放平台，一个车一个房，很像，所以两边聊得挺多的。

李翔：你们内心会不会隐隐有一种“竞争关系”？打引号的那种竞争。

杨浩涌：以前会羡慕吧，我觉得他们比我好，公司做这么大，市场也认可。现在不一样了，现在到这个年纪，我都 45 了，我都是人生下半场了（笑）。

李翔：你还年轻（笑）。

杨浩涌：心理不是这样的，但年纪是这样的，已经过了 45 岁了。我觉得现在跟谁比呢？人的阅历有很多跟赛场、赛道有关系，跟你的经历也有关系，包括做车都是一个偏偶然的东西。从自我来说，我肯定希望比之前有更大的突破，这个我觉得更重要一些。那有啥可比的呢？我不会觉得他们干得好会怎么样。但我觉得，二三十岁的时候会想 PK，想要超过他们。

2020 年 10 月访谈

日期：10 月 30 日

地点：北京 898 创新空间

疫情让杨浩涌再一次调整了他的模式。具体而言就是，他开始重新思考自营这件事情。

疫情让杨浩涌再一次调整了他的模式。具体而言就是，他开始重新思考自营这件事情。

大规模地开线下店和在市场上收车，让车好多成为一家重资金投入的创业公司。这也是只有像杨浩涌这样的明星创业者才能做的事情。我的一位投资人朋友就评价说，也就这么大的市场，只有像浩涌这么大牌的创业者，才能让资本愿意投入这么多的钱。

但疫情让杨浩涌开始意识到自营的“重”带来的风险。他开始重新思考，要做一个开放平台，让其他车商也可以在上面卖车。这种转型对电商公司而言其实并不陌生：亚马逊是从自营转向开放平台，京东是从自营转向开放平台，甚至贝壳也是从纯粹自营的链家转向了开放平台。不过，杨浩涌认识到这个模式同样适用于卖二手车，经历了5年时间和一场疫情。

在这个万亿级的市场里，我见过的最强的创业者之一，正在进行又一次的调整。

为什么开始做平台

（之前我们在聊疫情对一些我们关心的行业和公司的影响。）

杨浩涌：对我们影响也蛮大的，我们有一阵子还蛮紧张的，所以后来又拿了一笔钱。当时市场上一些其他的做线下比较重的公司都死掉了。

但总体来说我们还好。最近我出来的特别少，公司还在做业务调整，我们也有一些思考。

我可以跟你探讨一下两块东西。第一块是疫情对我们的冲击。我最近在想，可能长期来看，疫情是个好事。在我们重新看我们的业务时，疫情从某种程度上能够让我们回到互联网，让我们认知到我们这帮人的优势还是在互联网，对产业做改造其实也在于互联网方式的改造，而不是跟别人做一样的事情。

第二，我们最近有块业务跑得还不错，我们在搭建一个开放平台。过去的一年在做自营，其实自营跑到后来，我们发现了一个现象，就是消费者在网上买车，包括买二手车的模式，慢慢开始成熟了。也就是说消费者在网上看图片、看介绍就愿意下单、支付了。这一点之前我们自己都不太相信。去年试这个业务的时候，还是有很多线下销售在外面跑，只不过供给端是线上的车，销售要在下面介绍、撮合、讨价还价，让消费者把定金交了，最后把车开过去。

李翔：其实是在线下发生的。

杨浩涌：自营业务跑了一年以后，我们希望自营体系里的车可以在全国售卖，进一步提升效率，就在严选尝试了在线售卖模式。我们发现消费者会在一个城市买另外一个城市的车，尤其是最近，差不多40%的用户买了异地的车。买的都是我们的车，我们相当于一个连锁店。

我们总结了一下，当你有品牌背书，并且让买家看到一个性价比明显高的汽车的时候，他是愿意在网上买车的。这个需求比我们预想的要大。之前我们看淘宝的量不大——淘宝有二手车频道——一个月卖几百辆，就觉得既然淘宝都搞不定，应该是用户需求还没有起来，让用户在网上买这么贵的东西应该是不太可能的。但是我们自己做了一年之后发现，用户在网上也愿意买车。

因为用户有异地买车的需求，我们搭建了一个全国性的物流体系——几千个城市之间都可以相互拉车，成本不断地往下降。理论上，只要你想要，我都可以给你拉过来。

李翔：你的意思是说物流成本其实已经可控了？

杨浩涌：对，我觉得这是在中国做电商非常大的优势。不但是我们这个行业，其他行业也是类似的，因为物流成本太便宜了，外卖也一样。

我们刚开始做的时候，退车率不低，这个成本也比较高，我们还得在本地把退的车再消化掉。退车率倒逼我们的评估，因为评估越准，退车率就越低。于是我们就去做我们的评估标准。前端的评估花了一年的时间打磨，现在已经挺好了，评估的能力让我们有信心去做“三包”（包修、包退、包换）服务。

李翔：“三包”服务这是第一次打出来的吗？

杨浩涌：第一次打。它看起来是一个服务，其实是个成本。就是你做这个服务的时候看的其实是用户的满意度，看他们能不能接受你这样的服务，以及你付出了多少成本。如果总共挣 5000，“三包”让你付出了 4000，这个事就没有办法做；如果成本可控，那这就是个加分项。我们打磨了一年后发现，每辆车大概摊不到 1000 块钱就可以覆盖掉成本，那就可以做。

我自己觉得汽车电商化有两个最重要的因素，一个叫“一口价”[①]，一个就是车一定要可退，如果不能退，消费者就会有很多顾虑。

---

① 一口价指的是卖家以固定的价格出售商品，基本没有讨价还价的余地，买家可以用最快的速度完成购买的过程。

物流打通了，评估检测标准越来越好，退车的成本降下来了，我们在全国各地也有交付团队——用户买车是要交付的，交付最快大概只需 40 分钟。我们把车检测一遍，然后带着用户去车管所，把车过户到他手上。我们这边要提账，要把资料交接过去。这是一套复杂的流程。把这些做完了，我们的底层能力也就建立起来了。

我们自己做是特别吃资金的——买车、卖车、线下建店、养很多人。一个月卖 10 万辆车，需要庞大的线下团队，销售、评估、检测等。在用户需求覆盖度、管理效率和抗风险层面，都会有一个天花板。所以我们在想，有没有可能把我们的自营看成京东自营的业务，底层能力有了，然后把这个平台开放出来。于是我们就开始准备，从 8 月份开始测试。

这个做法是全国购的一个升级。

李翔：要他们自己开个店卖?

杨浩涌：对，你自己卖，但是我有人在后面手把手教你，教你怎么在网站上回答问题。我们做底层赋能，你只用提供性价比高的车，剩下的就不用管了。用户交了定金，我们就让他把车拿走，用户开几天没有问题就结账。

李翔：跟贝壳很像?

杨浩涌：有人说我们跟贝壳很像，我自己觉得也不是那么像。贝壳其实是先做机制[①]，让中介之间相互可以配合，我们其实更像京东。

李翔：贝壳希望切分成以经纪人为单位进行的协作。

杨浩涌：经纪人合作。我们其实更多的是把这些车搬到线上，跟淘宝很像。你不用在线下卖车，甚至将来可以撤出二手车市场，弄个仓库就可以直播卖车。

我们做得还不错，量起得很快。前期有 500 个车商（指的是开放平台只开放给了 500 家受到邀请的车商），我们也想看看能不能持续有量的增长。当然，现在平台还在非常早期的阶段。

李翔：现在只有 500 个车商？

杨浩涌：对，我们控制车商的量级，希望走得踏实一点，看得清楚一点，跑得更通些再放量。

李翔：同时你们自己也在上面卖？

杨浩涌：也在上面卖，相当于京东的自营。大家 PK，还挺有意思的。我们本来觉得车商卖车不太积极，现在看来还是

---

① 指的是贝壳的经纪人合作网络，这是贝壳的底层操作系统，他们构建了“数据与技术驱动的线上运营网络”和“以社区为中心的线下门店网络”两张网，对数据、交易流程和服务品质进行数字化和标准化的改造，搭建行业基础设施，最终提升交易效率和服务体验。

有机会的，量一直在涨，有的车商一个月最多卖一二十辆，这个月有不少车商卖了八九辆。这还是挺有意思的。

我们做“毛豆”，做二手车，做得再大做一两百万辆，但我们觉得开放平台能够去重塑这个行业，把这个行业整个的效率，包括用户的购买习惯彻底掰过来。以更加互联网的方式去做，这是我们更擅长的。但是，没有前面说的定价、线下、保障、物流、金融、支付等能力还是不行，这是底层的能力。你说别人为什么做不了，别人为什么不能抄贝壳的做法，就是因为这需要内部的分工、支持系统打磨得很好。我们其实也一样，没有过去一年的打磨，也挺难做的。

李翔：相当于无论是品牌、流量、物流，还是交付，都是你做自营的时候摸索出来的？

杨浩涌：是。

李翔：现在就是把平台开放给其他车商，可以这样理解吗？

杨浩涌：对，这是疫情给我们带来的变化。这么来看的话，疫情未必是个坏事，它让我们反思。

李翔：感觉这个行业里其他人都很艰难。

杨浩涌：所以我说现在是我们的黄金时期。现在这个市场，其他人轻易不会进来，因为觉得这个市场好像还在打，还在烧钱。疫情也算要结束了，我们可以踏踏实实把这个开放平台摸索出来，把自己这块的基础能力建设好。

李翔：物流你们是怎样做的？

杨浩涌：我们搭建了一个类似于菜鸟的平台。

李翔：也有其他公司在这个系统里面？

杨浩涌：对，我们搭建好以后，各家（物流公司）把自己的报价发出来，车商可以去找最优线路。我觉得这块规模还没有体现出来，需要到一定的交易量，在一些往返城市才能把物流价格降下来。目前还是一个组合，每个城市之间都能找到最便宜的线路，把它们组合起来。

万亿赛道里的店模式和仓模式

李翔：从自营到平台这个过程，你是什么时候开始有这个想法的？

杨浩涌：四五月份吧。

李翔：就是开始想着要搭建一个平台？

杨浩涌：对，当时的触发点之一是，单一的模式，在疫情之下，抗风险的能力有限。

另外一个原因就是，我们发现了用户的需求，觉得应该是有机会在线上卖车的。其实最核心的还是用户有没有这样的需求。我觉得疫情对这个事情也是有推进的，就是让大家对在线上买车更开放了。电商化的这个趋势还是挺明显的，就是平台上你的选择比在当地多得多，车商价格报上来，也很透明，不用猜。车商都说，如果价格没有优势，在这个平台上就很难卖车。

第三个就是，平台能够做好中间的服务。对于车商，有事故车，也就是红线车，或者改里程的，如果我没有查出来，这是你（车商）的责任，因为是你故意隐瞒了。但其他的小问题，有一些小的成本，类似于车险，我帮你兜着，因为我已经算出这个成本了。这样消费者也有保障，还能在我们这儿享受“三包”服务。

之前我跟你聊过线下店的数字化改造，这块我现在其实也有一些不一样的想法——一些不成熟的想法，纯粹是探讨。

我觉得未来整个互联网会往上走。我在四五年前跟 DST 的尤里聊的时候，他说 2030 年整个互联网会基于现在的体量再翻 10 倍。他有一大堆的理论支持，大概的说法就是 2006 年到 2016 年互联网的体量翻了 10 倍。那个时候（2006 年），市值百亿美元的公司就几家，几十亿美元的有几十家；到了 2016 年的时候，千亿美元的有几家，百亿美元的几十家，几十亿美元的几百家。这是他当时的观点，一大堆的假设。

我自己看其实也是这样的。整个互联网领域，我觉得未来超过万亿美元的公司会有几家，现在已经很清晰了，腾讯、阿里肯定是。这两年你会发现一个现象，未来市值千亿美元的公司可能会有几十家。这个事在几年前大家是不敢相信的。这些能过千亿的公司，我自己判断其实都在万亿赛道上。

万亿赛道其实没有多少。如果你去看会发现，一万亿的话，需要实际人均每年消费 1000 块钱。用人均 1000 块钱去看，符合万亿赛道的，无非就是教育、汽车、生鲜、服装、餐饮，我觉得未来医疗也是一个。这些万亿赛道上的头部公司，都有机会发展到市值千亿美元。用这个逻辑去看的话，你去抓这些赛道的头部公司就行了。

我自己还有一个观察，就是上市才是开始，比如亚马逊。亚马逊在历史上任何时间点都让人觉得好贵，但是投资者在历史上任何时间点进去都赚钱了，因为这个赛道太大了，它有很多发展生态和延展的机会。所以，它在这个行业才刚刚开始，它还有一个特别长的周期可以往上跑。

刚才说上市才是开始，其实往往在那个时候，公司会有一个超出普通互联网公司的溢价。你觉得它 PE① 过高或者 PS② 过高，都是刚才说的这个原因导致的。所以，你永远会觉得它的股价怎么就这么贵。但如果你拉出时间线来看，就会发现什么时候进都可以，它都会跑出来。这是从整个行业来看的情况。

今天比较火的赛道都是万亿赛道。如果从投资的角度分析，我还有一个观点：如果它是一个万亿赛道，那它其实就有分层的机会。也就是用户需求开始分层，小赛道可能一家公司

---

① PE 指的是市盈率（Price to Earning Ratio），指在一个考察期（通常为 12 个月）内，股票的价格和每股收益的比值。市盈率是最常用来评估股价水平是否合理的指标之一。

② PS 指的是市销率（Price to Sales Ratio），是股票的总市值与营业收入的比值。其中的营业收入也称销售额，所以股价营收比被称为市销率。

就都吃掉了。所以从这个角度看教育领域，VIPKID[①] 做的是一对一；往下，火花思维，还有豌豆思维[②]，做的是一对多；再往下，还有作业帮、猿辅导、跟谁学。

我们认为这些公司最好的做法，就是把现在用户的 ARPU 值[③] 挖掘到极致。你做这个人群，这个人群很难跑到上面去（指的是从大班课程的用户变成更贵的小班课程或一对一课程的用户）。所以你在这儿做了数学，他觉得不错，那他也可能会买语文和英语。

我看你在朋友圈发的文字，问社区团购是怎么回事。生鲜电商也是按用户分层的，最上面就是盒马，是门店加送货到家；然后是每日优鲜这样的，前置仓加送货到家；再下面就是社区团购。

李翔：这个我没有特别理解或者想明白，盒马的店，包括你们的店，在整体成本里占的比例很大吗？

杨浩涌：不只是租金问题，它还有运营成本，得有前台，有结账的，还要有打扫卫生的，需要很多人。仓是不太需要人

---

① VIPKID 是一家在线青少儿英语教育公司。

② 豌豆思维是一家专注于培养 3~8 岁孩子用数学的观点思考和解决问题的公司。

③ ARPU 值（Average Revenue Per User）指的是每用户平均收入，是一个时间段内运营商从每个用户身上得到的利润。

的，就一个物流成本。反过来说，沃尔玛做了很多数字化改造，还是被亚马逊的仓模式打败了。其实某种意义上，电商就是仓模式。

李翔：店始终不如仓？

杨浩涌：当然，店服务的是一部分用户，仓的模式成本更低，更有价格优势，服务的客群会规模化地增加。店的管理复杂度也高很多，要看坪效，要选品。而且店长也不好找，找个仓长还是容易的。管仓和管店完全是两码事，管理的维度也不一样。你看家乐福、沃尔玛的店长都是要接受很多培训的。

李翔：这套东西完全推翻了前几年所谓的新零售，亚马逊是往前端走，阿里也是往前端走。

杨浩涌：我觉得这也是盒马这几年最大的认知。两三年前的时候，我见过逍遥子（张勇，阿里巴巴董事局主席），跟他探讨过。他们其实两年前也意识到这个问题了。他问我有什么问题问他，我就问了一下做盒马有什么感受。你猜他说什么？他说你要知道，你做零售只能服务一部分人，不像平台可以服务所有人。他也意识到了盒马的成本结构导致它的选品必须是高位的，很难往下降。最下面的社区团购，可能客单价 20、30 就可以打平了，前置仓可能要到 70、80，店的话，卖不到 200，毛利没有百分之多少，就很难赚钱，因为还有一大堆的成本要摊进去。盒马早期的时候，很快速地扩张，某些区域很赚钱，某些区域打死也不赚钱，就是因为它的成本结构倒逼选品开始往高价走，要有更多的毛利。

李翔： 前几年包括小米、华为也是在往线下走，小米以前是纯电商，后来也在做线下。

杨浩涌： 我自己觉得它（小米）其实更像是一个品牌的零售，多少还是有点不太一样，我们这边是一个大的交易平台。小米的定价模型，决定了它的加盟模式很难跑出来，但是纯线上卖的话，它的产品价格就有足够大的吸引力。

李翔： 在你们的模式中，店相当于自营，然后再加上仓的模式。

杨浩涌： 我们探讨的店的模式已经基本上跑出来了，我们觉得它可以赚钱，是 OK 的。但是我觉得，模式虽然跑出来了，但因为我们要的毛利不低，想让量再往上走可能有难度。喜欢我们的人可能图省事，觉得我们家服务好、有“三包”，就在我们这儿买了，但是在性价比层面，我觉得我们未必有竞争优势。所以我们看在严选的模式之上叠加仓的模式，能不能把成本进一步降下来，让我们的性价比更高——其实就是从上面往下走。我们不做，未来也会有人用这种方式来颠覆我们。

李翔： 前两年做自营的时候，应该有很多人来问过你这个问题吧，就是你为什么不做平台？

杨浩涌：那时候说实话，我自己都不认为线上卖车是可能的，因为淘宝也没有做出来。是我们的自营店在全国开了这么多之后，为了加快周转效率，允许异地交易，才发现还真的有人在线上买了其他城市的车。当一个异地的车便宜 1 万块钱，他就愿意等 7 天。这个事情发生在我们自己身上的时候，我们就发现电商化的机会出现了。我们自己调研过。去年（2019 年）11 月、12 月份的时候，大概 20% 的用户能接受线上买车，经过了疫情，发现 40%~50% 的用户能接受了。当然，可能这个数也不准，是我们自己在小范围内做的调研。

低频大宗交易的互联网化

杨浩涌：你对我们有什么建议吗？

李翔：可能不太一样，我能给的建议非常有限。你讲教育，是因为你自己真的放钱进去，我们更多的还是在外面看。在外面看的话，还是会有一些担心，因为你之前的整个风格确实是比较快、比较猛的，一旦开始调整，其实之前所有的东西都需要调整。比如说打仗的时候，势能增长是非常快的，团队就会特别高兴，一旦要调整，可能就需要用比较多的精力去照顾大家的情绪。

杨浩涌：对，但势能还是存在的。你看我们到今天为止，即使不打任何广告，你在市场上问消费者买卖二手车找谁，大部分人还是会说"瓜子"。说实话，这是很大的财富，让我们能够继续去做调整。这个领先性还是在的，给了我们足够的时间。我们做这个事情，其实没有可"抄"的对象。我们自己总结说，别人的赛道，多少有可以"抄袭"的对象。比如雷军做小米，前面有苹果；电动车也一样，模式是成立的（指此前已经有像特斯拉这样的公司在做）。但是我们这个品类，这种电商化的方式，没有人做出来过。这也是为什么我们这么多年一直在优化，做各种各样的调整。不过反正到现在这个时间点，我们店的模式算是站住了，算过来账了，体验也越来越好，可以赚钱了。

你要问我开放平台，我觉得需要再看看。这是一个挺有意思的过程，至少在目前来看，这个趋势还不错，但可能需要半年或一年的时间来看。这个东西如果跑出来，这个行业还是我们的，那我急什么呢？

我说现在是我们最好的时候，没有竞争，巨头不进来，我们自己也死不了，钱还是够的，可以慢慢去折腾，只是需要一些时间。这个东西没有这么容易，但是我觉得能跑出来。你看链家做了10多年，贝壳在2018年的时候还没有投资人看好。我记得那个时间点，他们也是在尝试做开放平台，4月份开始试，一直到10月份，量起来得很慢，要把线下这些人改造过来还是挺难的。[①]

李翔：对。

杨浩涌：改变他们的工作习惯，让他们对你产生依赖，这个还是很难的。两周前我跟左晖一块吃饭，他说他比我这个还要难。今天我跟投资人聊这个事，他们说我们跟贝壳很像，这

① 对贝壳而言，指的是让线下链家体系之外的其他经纪团队加入贝壳的平台，适应贝壳的规则，并且在平台上完成交易。

是好事。但是实际上是很不一样的。他们（贝壳）当时是要其他中介机构把流程搬过来，所有的作业模式都得按照他们的流程走，不能有外面的单了。但要是有一些单你自己做，他们也睁只眼闭只眼，暂时不管你，但是早晚会来查你。贝壳如果没有给门店赋能的话，也不会发展得这么快。到了第二年（2019年）4 月份的时候，情况就转变过来了，量就起来了。

怎么说呢？就是说我有足够的耐心。因为说实话，对我自己来说，早就过了要证明自己的阶段了。不过这个事到今天为止，已经比一两年前好太多了，方向也渐渐清晰了。一两年前真的是在折腾，我们自己在调、在试的时候，也总结了一些方法，但是你去看那个商业模式，还是很不清楚的。今天我们看很多事情的时候，每个东西都会算好账，会看它的成本结构是什么样的，看它的定价，看它的长期竞争优势，看消费人群的需求。如果在几年前，我可能还会说品牌、势能这些东西，但今天我会看得更综合。

所以我说，其实投资跟创业一样，有三个视角同时都要看：一个是用户视角，一个是终局视角，就是看最后它会变成什么样，第三个是财务视角。要从这三个视角同时看，才有机会把一个事情看得更明白。

疫情期间，我们也有团队成员离开——肯定会有些人觉得公司跑了半天没有跑出来。过去半年是我在我们内部谈信仰最多的时候。这个时候反而是更纯粹的时候，最后这个团队是剩下来的，这是一个提纯的过程。有的人没有信心，追求短期利益来的，冲着公司的光环来的，那他可能就走了。现在愿意留下来的，就是能干事的人，这个足够了。你信不信汽车的电商化？如果对这个事情大家有一致的看法，那就做呗。而且今年你看有谁进来跟我们竞争吗？一个都没有。我还有足够多的钱，对未来的方向也有信心，那我怕什么？就慢慢做呗。

李翔：没有竞争者了，这是好事还是坏事？

杨浩涌：其实这个行业没有那么惨。不是说我们把他们都打死了。我觉得这一方面跟竞争有关系，可能我们拿的钱多，打得比较狠，对对手的压迫比较厉害。第二方面也跟大家都没有找到商业模式有关系。这个行业目前还没有人能跑出来，其他公司即使找到了商业模式，也没有足够的资金支持它做这样的尝试。这个行业如果我们跑不出来，那就是全军覆没。所以你说好还是不好？我觉得最根本的原因是这个行业中，大家都在摸索，当然，有些已经倒在路上了。

李翔：有两种情况是并列的，一种情况是找到了模式，赢家通吃；另外一种就是整个资本放弃了这个市场，觉得这个市场不行。哪种情况更有可能发生呢？现在是不是资本已经对这个市场有一些看法了？

杨浩涌：倒不是，最近其实还是有蛮多利好的。我自己觉得我们应该有机会跑出来，其实是有一些投资人找我们说，看要不要再投一些钱，我们都没有要，我们需要再看一看。我觉得需要半年到一年的时间才能看得更清楚。为什么资本会变好？有两个原因。一个是因为美国有家公司叫 Carvana，现在 300 多亿美元的市值，它就是做的仓模式，是纯电商，收车在网上卖，是这样的方式。

李翔：它是平台还是自营？

杨浩涌：它是自营。平台的话，全球就我们一家公司在尝试。它像京东一样，在全国买车，在网上卖，仓模式。它刚卖了十几万辆，市值 300 多亿。也就是说，资本市场相信它未来能用这种方式颠覆这个赛道，所以给了它非常好的估值。它现在做得非常快，每辆车亏 1000 多。①

第二个原因是，大家觉得这些低频的大宗交易是有可能被互联网化的。像贝壳的市值跑到了 800 亿美元，万亿赛道里面会出市值千亿美元的公司，越来越多的资本在相信这个事。他们觉得既然你已经跑到头部了，如果你的模式能够被证明是成功的，你就会有很大的空间走到下一步。现在所有的股东都还挺积极，所以我觉得这就取决于我们自己，如果我们这个平台

---

① 这家公司还处在靠融资快速扩张的阶段，在这个阶段，为了追求规模而没有做盈利，但资本市场对它们未来的模式非常看好，所以虽然还在亏钱的状态，估值也非常高。

模式能跑出来，就可以有一定的机会。

李翔：你说的是老投资人还是新投资人？

杨浩涌：新投资人也一样。

李翔：作为市场唯一的标的，是吧？

杨浩涌：是，只要你能证明你的模式成立，反而不需要有太大的顾虑，因为你是绝对的头部。

“我没想到这个行业这么难”

李翔：你们开始做平台，从有这个想法到上线，包括车商上去，这个过程经历了多久？

杨浩涌：两三个月，我们做了一些准备，招商、培训，包括开放系统。

李翔：车商他们其实还是可以自己在线下卖车的，不需要像贝壳那样。

杨浩涌：对，相当于你把车放上来，多卖出来的都是增量。

李翔：平台的规则设计，是参照京东这样的公司吗？

杨浩涌：目前在算法调配上还没有做这些，因为成交量还不大。信用等级这些开始出来了，比方说你的排序是依据投诉量、转化率、商品的定价来定的。现在特别早期，就是你（车商）上来按照我的流程走，我也不收费，刚开始做都是免费的，然后有人手把手地教你。

李翔：对车商来说都是好事。

杨浩涌：好事。好现象是在某些省市，比如在郑州，已经出现排队的情况了，车商想进来了。

李翔：但你们现在还是不考虑完全开放？

杨浩涌：慢慢开。关于开放平台招商，不是说一下招 1 万个学生，我们先招几百个，一点一点来。

李翔：上次我记得你说了一句话我印象特别深刻，但我不知道你今天是不是还这么认为。你说“到今天，这个商业模式不用再改了”。那是 4 月份吧？

杨浩涌：对，差不多。现在更多是在细节上面。这么多年，我们从 C2C 做起，C2C 还试了好几种方式，做严选之类的。其实说实话，我们用了两三年的时间，急速补了一些线下传统行业的课。我们就是在一个大的资本的压力下快速地开店，然后去摸索，不断去调整。我觉得目前还不错，从去年 9 月、10 月份开始调，到现在差不多一年的时间，这个店的模式肯定是跑出来了。只不过，我们现在在说，我们自己挑战自己，看能不能用什么方式把成本再降下来，这些都是不断迭代优化的。

李翔：对。我记得我们还聊过护城河，你认为自己的护城河有三层，先是很强的线下的组织和管理能力，然后有品牌，最后是数据和算法。到今天，你对护城河的理解还是这样的吗？

杨浩涌：肯定还是这样的。不过，我们最终还会有一块是协同（指新车和二手车业务的协同）。北京有 6 成用户是有这个需求的，他们会买一辆新车，同时再卖一辆二手车。只不过现在“毛豆”相比“瓜子”还偏早期一些，还没有看到这样的协同。现在，我们还处在让各条业务线先把自己夯实的一个状态，不着急。

李翔：你有没有想过这个问题，这家公司已经做了 5 年，跟 5 年前刚开始做这家公司的时候相比，最让你出乎意料的地方是什么？

杨浩涌：我自己觉得可能大家都差不多吧。比如说李斌，蔚来[①]最近又好起来了，但是他也经历过没钱、欠供应商一堆账、工资都发不出来的阶段。

我没想到这个行业这么难。不过说实话，正是因为这样，它极大地满足了我的好奇心，我是那种越是有挑战反而越 high 的人。面临很多很多不确定性的时候，反而是我最 high 的时候。另外，因为二次创业的成功率要高很多，当时看着对手也觉得挺简单的。我觉得如果我在一个确定的赛道里面，比如我是学机械的，如果我去造车，可能借着特斯拉这个风口也蹿上来了。

---

① 蔚来是一家全球化的智能电动汽车公司，于 2014 年成立。李斌是蔚来的创始人、董事长和 CEO。

今天去看当年的“赶集”，我觉得太简单了——很多事情你走过第二遍以后，就会觉得没什么了。说实话，第一次创业都是在摸索，觉得资本这些东西很有挑战性，觉得在竞争里面去掌握节奏是一个挺大的挑战。品牌不知道怎么做，管人管到几千人的时候也不知道怎么弄，当时都是懵的。二次创业的好处，就是不需要太摸索了，我比他们难的就是我没人“抄”，只有自己在试。幸好融资能力还挺强的，能够去折腾、去试。我觉得经历了这么多，我们团队大部分还在，核心还在，有一帮人在我们的核心团队里面，足够努力，足够拼，还在加班，我觉得这是很好的。

之前经历过的这些东西，第二次的确是不要再学了，我能够有机会更专注地去想一些商业模式的事情。如果我这些问题也是一团乱麻，估计公司已经“挂”了，但是这个事的确够复杂、够刺激。

李翔：你那时没想过选择去做车的那个赛道吗？

杨浩涌：没想那么多。有可能是一念之差，我觉得这个事更有意思，更有挑战性。

“三包”和借势

李翔：我看你们最近又开始比较密集地投广告了，这是出于什么考虑？是因为旺季要来了吗？

杨浩涌：因为我们店的模式已经跑出来了，我要让它浮到水面上去。我们基本上已经看出来怎么去盈利、收入多少、成本多少，都算得非常清楚了。所以这个时候推它一下，它就站上水面了——是一个能持续稳定的健康状态了。而且，我们新的定位，也得告知到消费者。

几年前你去问用户，用户最关注性价比，用户是很买账的，因为打到痛点了，而不是说我们的广告语（指“没有中间商赚差价”）有多厉害，那只不过是外在的表象。就跟流行语一样，那句话说到了老百姓的那个点，所以它是有价值的。但今天到这个时间点，从整个市场来看，我们到前线去访谈，大部分车商之前有 20 个点的毛利，现在已经被我们拉到 7~8 个点了，这是我们对这个行业做出的贡献，让利润变薄了；另外，很多车商也在学我们，就是开始做金融、卖保险，慢慢把车价降低。到今天，单讲价格的杀伤力不够强了，或者消费者都知道了，所以我们就想把消费者对我们的认知加强。因为我们要做电商，那“三包”是电商的标配，必须有才能做电商。“三包”也是借势的。

李翔：借什么势？

杨浩涌：你要在一个15秒的广告里说你的服务有多好，我选了好几个都觉得不给力，最后才想到了“三包”。“三包”是20世纪90年代所有人都懂的一个事情，那时候中国的服务整体都不好，有些卖电器的就说我有“三包”，消费者一听就知道是什么。我们把标品里面的东西拿到二手车领域，说我们也有“三包”。说了“三包”，下面就不用说什么了，消费者就知道我们有什么服务了，也不用担心我们的质量，所以我们是借势了。这个事情挺好的，否则你得说半天。其实我们整个的赔付标准，都是开了全行业的先河。你看着吧，我们把这个推出来，过两三年，整个二手车行业都会“三包”的。我觉得这确实挺酷的，就是你在改变这个行业。

李翔：像“三包”这样的广告语，包修、包退、包换，都是你想的吗？

杨浩涌：不是，我们负责运营的郑华想的，现在他叫“郑三包”了。当时我们在讨论我们这些服务应该怎么总结，他说这不就是“三包”嘛。

李翔：所以这还不是供应商想的，是你们自己想的？

杨浩涌：我们自己想的。他们都觉得要打品牌质量，有好几个候选的广告语，但我都觉得不够厉害，也太复杂，没法让用户在 15 秒里看懂，最后想到了“三包”。“三包”我觉得特别棒，大家也觉得特别好，越简单越好。为什么是借势？就是因为它借用了一个大家之前都知道的东西。

李翔：对，我是听着很熟悉，你一说就想起来了，以前是有一个“三包”的说法。

杨浩涌：对，容易懂，就很有穿透力，它其实也是借势的。

李翔：类似于代言人这样的问题，也是你自己去定吗？

杨浩涌：代言人是用户选的。

李翔：用户怎么选？

杨浩涌：你做一个市场调研，看看你的用户最喜欢谁。男明星？女明星？然后挨个联系，根据价格，看对方愿不愿意做，再看时间，最后就筛出来了。

三月份想的就是活下来

李翔：你想过如果没有这次疫情的话，你们会是什么样子吗？

杨浩涌：也不会这么快。

李翔：你指的是开放平台不会这么快？

杨浩涌：是。如果没有疫情，我们今年下半年应该能挣钱。

李翔：就是用自营那套打法？

杨浩涌：是。

李翔：我记得你们去年就开始做盈利了。

杨浩涌：四季度。如果没有疫情，我们今年 6 月份应该赚钱了。

李翔：就是说如果没有疫情的话，你们还是会延续之前的打法？

杨浩涌：对，不会想到这么重其实是有很大风险的。所以说，没准儿是个好事（指疫情提醒车好多去调整过重的商业模式)。因为重真的是重，吃资金，一两万辆车、一二十亿资金在里面滚。

李翔：我记得你之前可是把这个作为你们的一个竞争优势的。

杨浩涌：对，但是你往后走，一个月做10万辆，那就是100亿资金在里面转，还是有些压力的。这就给我带来很多反思。疫情来了以后，我们3月份的时候最紧张了，那个时候除了发工资什么事也干不了，只能等着，所有店都关门了，也没人。我能接受任何事，但我接受不了公司"挂"了。对公司来说，再大的高高低低，包括将来上市，这些东西都不重要，只要团队在，这个赛道足够有意思，那就在里面折腾，这是我的心态。但是公司"挂"了，你就再也没机会了。这是底线，除此之外都可以。

李翔：3月份的时候，你的想法是什么？

杨浩涌：别"挂"了。

李翔：唯一的想法就是这个，是吗？

杨浩涌：对，你想一想如果疫情不结束怎么办，谁知道疫情什么时候结束啊。好在咱们这个国家还是很厉害的，要像美国那样，我都不敢想，还是挺吓人的。一方面不挣钱，另一方面要发工资，当时就紧张了。

李翔： 第一反应是紧张，第二反应呢？

杨浩涌： 活下来，是这样的。

李翔： 当时要跟投资人去沟通吗，会做类似这样的事情吗？

杨浩涌： 还好，那时全行业都这样，不单是我们，大家都是。我觉得大家的确是都没有办法，你不做这个动作也不行，有风险怎么办？我是船长，我不能让船翻了。

李翔： 比如说你们当时做的主要动作，一个动作就是团队的调整，包括薪酬方案重新设计。

杨浩涌： 对。然后我坐下来看我们的商业模式，觉得单一的严选模式还是挺脆弱的。而且那时候看，这么重的资产往后走，压力也会很大。那个时候车商很惨，因为我们去年就有帮车商卖车，销售直接就掉下来了，没客户，尤其是二手车市场，我们自己倒是还可以。这可能也是另外一个启发吧，开始想我们是不是能够帮他们去卖车，还挺有意思的。

李翔： 当时 3 月份你们内部讨论会有分歧吗？你们团队有分歧吗？

杨浩涌： 没有分歧，所有人的意见都是一致的。核心团队还是非常团结的，我觉得越是碰到这种事越会团结，都会想办法。今年很魔幻，你看教育行业，我碰到一两个教育公司，都是 1 月份打算关门的，后来发现又活过来了，开始盈利了，开始融资了。还有一些公司，比如之前说到的做海外华人包车旅游的，我说完了，彻底没了。游戏很好，视频也很好，做内容的都很好。

不同阶段如何补足团队能力

李翔： 你的高管应该有很大比例是跟你从“赶集”来的吧？

杨浩涌： 对，也有一批是从外面招的，也还不错。所以我觉得我们团队还是比较稳定的。你刚刚说的那个事，我觉得是对的，聊到战略竞争，我还是这个观点，就是说你要借助资本去打造团队，去把战略夯实。我觉得这些都不矛盾。好的产品跟营销这两个是不矛盾的。包括也有创始人说要做好自己的产品，不用去看竞争；我说要看竞争，这两个东西不是互斥的。

举个例子，有家餐馆做的菜特别好吃，所有来过的人都这么说，回头率特别高，甚至好吃到全北京的人都愿意到这儿来吃，那没问题。消费者没有其他的选择，就是你们家最好，那你就是苹果，你就是特斯拉，没得说。竞争是说，你的产品也很好，但它其实是分成了两段：一段是消费者吃了你家的菜，觉得好吃，会继续来，那你要把这个继续做好；另一段是市场营销在前面的拦截，就是说，消费者在市场上看见很多产品，发现川菜馆有十几家，也不知道哪家好吃，那你得有一句话告诉他你家的菜是很好吃的，然后他来了，觉得你家的菜真的好吃。这两个是不矛盾的。不是说你的产品好，就不需要去做营销了；反而是如果你的营销好，但产品不行，你就会死得很快。

竞争其实也是一样的。当你是特斯拉，是苹果，实际上没有人跟你去竞争的时候，你是不需要关注竞争的。但即使你的产品很好，营销也很重要。举个例子，海南的楼盘就是性价比高，但市场上有上百个楼盘可供选择。如果我去海南旅游，说我想买套房，我去搜房网搜的时候，突然看见有一个房地产广告说我是海南销量第一，遥遥领先，那我就会觉得应该不错吧，会先去看一看。

就跟今天的猿辅导一样，你产品做得好，难道就不关注竞争了吗？就算是苹果，还得关注竞争呢，它从三星、华为身上也学到了很多东西——你的独一性变得不那么重要了，而不是说产品不重要了。所以我觉得，在这个大的市场上，除非你的产品是绝对独一无二的，否则你就需要借助资本去加速你的发展，就需要用更多的钱去招来优秀的人。这些东西都是要关注竞争的，因为品牌就是这样，它不会给第三名、第四名足够的机会去发展。

李翔：现在开始做比较精细化的运营，包括到今年开始做平台，它对团队能力的需求跟以前有不一致的地方吗？

杨浩涌：有。我们自己招了很多人，我们最早也招二手车行业和4S店的人，因为他们很懂开店和线下店运营。我发现其实是这样的，专业技能通过半年到一年时间你可能就会了，更重要的反而是这些人的意识，是不是互联网意识，是不是数据化驱动的。

今天我对零售的理解，我觉得在顶层架构上，已经不比很多传统做零售的差了。我们看周转，看库存，看定价，看库销比，看店面的管理，对零售的这些基本要素已经看得非常透了。

当然，对这个领域的认知需要随着时间不断去迭代，但是最终能让这个东西跑起来的，核心还是人——要有足够的分析能力，包括整个思路的迭代。所以我觉得你要去看的话，团队是跟着我们一起成长的。成长的标志是什么呢？刚开始做的时候，你见到任何一个传统零售的人，都会觉得又学到了很多东西，挺有收获的，因为他说的那些东西你没有想明白，觉得挺有道理。可能到了一定的阶段，再去找这些人，会发现好像没有什么太让你觉得惊讶的了。

今天做开放平台，我觉得我们对互联网的了解应该还是足够深的，缺的是有关上货运营的知识，所以我们最近请了不少机构做这些Know-How（指具体上货运营的方法）。算法到底怎么做，那个细节我们不知道，但是这个大框架什么样子，我们还是知道的。比如定价的模式、抽佣的模式、怎么样让这个平台越来越好、质量怎么去调控、最后做大转化率，我们都有过很多讨论。

李翔：不同阶段对团队能力的要求不一样，你们是通过换团队来解决这个问题的吗？

杨浩涌：还是需要自己摸索，把自己的能力建起来，但这个时候一定不能自己折腾。你得找一些做过商务运营的人进来，他说这个当时怎么回事。至少知道未来是什么样子，成熟以后的体系是什么样的，上货的几个核心因素要怎么去弄。

其实我们现在的运营，到处都是机会，随便调整一下，量都会涨，你把不好的商户、不积极的商户筛掉，把好的商户吸引进来，你的量就会涨，稍微调一调就会好一些。

李翔：每个阶段的调整，会造成以前做这个事情的人的流失吗？

杨浩涌：看人。我觉得需要的能力不一样，总会有一些新的人进来。我们是相当大的一个团队，团队的工作包括线下的管理、对业务推动的了解、对结果的执行，我们需要专业的一些人，P 系列的，需要他们这个领域的 Know-How。

不怕变，怕的是没有迭代

李翔：你们的开放平台，是借鉴京东更多还是借鉴贝壳更多一些？

杨浩涌：借鉴京东多一些，我们觉得我们不像贝壳。

李翔：你跟老左（左晖）吃饭，他会给你什么建议吗？

杨浩涌：我问他问得比较多，贝壳跟我们有些不一样，但还是有些共性的东西，是可以借鉴的，比如说平台跟自营怎么配合的问题，商务一开始不适应怎么处理。

李翔：是说你们做平台还没来得及掉进坑里吗？因为时间太短了？（笑）

杨浩涌：或者我们在坑里没发现。这跟之前是一样的，已入坑不知道。（笑）

李翔：当年的逻辑也推演得很好。

杨浩涌：是这样的。我发现一个特点，我跟李想基本上每半年就会在一起吃饭，聊聊天，而且我是他投资人，他愿意跟我聊。每次跟他聊，我都觉得他说得挺有道理的，但是每次聊我都觉得跟前面聊得不太一样。我觉得这是好事。反而如果一个人的认知一直没有迭代，那就有问题了。你半年后跟我聊，我又有一套方法论出来。所以，今天跟你聊我也不怕对错，起码我在现在这个阶段的认知就到这里。

我们认为电商可能比开店更有竞争优势，开放平台很有意思，真的让我们有机会去重塑这个行业。我们一直想重塑这个行业，之前自己干，现在做这个平台。其实大家都挺兴奋的，市场上大部分商户能够有新的方式去卖车，体验更好，价格更便宜，就很不错。

李翔：估计等你们把开放平台做成熟了，一定会有一堆人过来说，我早就说了应该做开放平台。

杨浩涌：其实在外人眼里，这不就是抄京东吗？

李翔：而且是非常成熟的模式，亚马逊也是这么做的。

杨浩涌：我最近跟投资人聊，他们的反应都是“这个好啊，这个我听明白了，很好，非常好”。其实说实话，当你在里面的时候，比如去年这个时候，我想都不敢想——我觉得怎么可能，在网上敲几个字，这个车就卖出去了？那个时候，我们还沉醉在店的精细化运营上。

李翔：而且自己觉得很有意思。

杨浩涌：你的认知决定你的一切。今天我们可以跳出来说回到互联网，我觉得我把这个事看明白了。不仅仅是说二手车平台，当时做“赶集”结束了，我觉得我对竞争、资本、品牌都有了很好的认知。不是我自夸，在整个同类行业中，我的认知也算多一点的。但是今天——因为我自己也在做投资，做这些业务，我对商业的认知比之前好了很多——我会在内部从三个视角看。我们能画出一个三角模型来，就是前面说的，一个商业模式，看它的产品结构，看它的定价，看它的目标人群，其实是从用户视角、终局视角、财务视角，多重视角去评估的。这是我自己总结的，不管是创业还是投资，这三个视角是统一的，我们看得更综合一些。

李翔：如果说前 4 年整个公司有点在打仗的状态，那 2020 年是一个什么状态，应该怎么描述？

杨浩涌：我们都在强调经营意识，在算账。我最近花了很多时间，跟团队分析电商模式的优势在哪儿，包括我们的成本结构、长期的资产放在哪里、优势在哪里，这个之前讨论得少。我们做这个很明显也是因为看到品牌溢价了，就跟京东的自营一样。消费者说，同样的钱，我就愿意在你这儿买，需求是在的。

一方面，我们在自己很强的经营上算账，自己追销量、看自己的成本结构、算每辆车的成本、讨论优化空间，这是过去一年我们一直在打磨的事情。我们内部有时开玩笑说，别说新零售、旧零售，你大爷还是你大爷，也不是说新零售就不扣成本了。我们对零售很了解了，对零售的一些核心的指标也都明白了。之前还会说看不清楚怎么回事，现在已经有了一整套决策机制，比如对库存的预测、销量的预测、价格的调整，这些东西都已经梳理得比较清楚了。

另外一方面，对行业未来发展的分析，现在我们投入了大量的精力，每天在开会讨论，我也花了很多时间在这上面。我们平台所有人都觉得特别好。自营虽然赚钱，但我们要对自己“革命”，挑战一把。这就是一个迭代。

李翔：你做平台有没有借鉴天猫、淘宝？

杨浩涌：我们借鉴了很多。我们跟淘宝还不一样，淘宝是一个纯开放式的平台，我们其实更像天猫。每辆车必须经过我们的检测才允许上线。我们其实更多强调的是服务的一套标准，按照我们的标准去办，自己查也可以，自己兜底就行。

商户的运营，我们跟很多人聊了，包括跟做美团线上外卖的人也聊过，聊收费模式到底是收广告费还是收佣金，怎么样让商户能够更积极，等等。目前看来，情况还不错。我真的很享受这个过程。只要公司不“挂”，我就非常享受。其实这也是我想要的感觉。

李翔：我记得我们很早之前有一次聊天的时候，你跟我讲，你对安全其实是有一个自己的把控的，所以它怎么可能“挂”呢?

杨浩涌：疫情啊。

李翔：就是因为这么一个黑天鹅事件?

杨浩涌：是一个大黑天鹅，没有疫情我觉得我们还好。

李翔：像你们整个从一个比较亢奋的竞争的状态突然转到了一个以精细化的运营为主导的状态，这对团队的文化有影响吗?对整个团队的精气神、精神状态有影响吗?

杨浩涌：仗其实在去年上半年就打完了，从我们拿完软银的钱就结束了。我们的调整从去年 9 月、10 月份就开始了。

所以，当时仗打完的时候，我们也拿到了一笔钱。整个市场环境很差的时候，我们可能就要在做增长的同时，回过头把优化做起来。那时想的是一边增长，一边调整，现在看每个月的优化，感觉要花更多时间挖掘这一块。我觉得调整得算快的，更何况中间还有疫情，今年四季度应该就调整得差不多了。

李翔：对团队的状态会有影响吗?

杨浩涌：对底层的员工肯定会有些影响。我们去研究链家，去考虑怎么解决淡旺季的问题，他们所有的东西我们都借鉴了。那时要调薪酬，激励机制也要跟着改，去年我们都调了。

我觉得基层员工肯定会受影响，之前底薪比较高，调整之后底薪非常非常低，薪资更多是跟交易挂钩。

中高层还是挺好的。之前我们主要是追量，现在我们说经营，对他们来说是一个很大的成长。对年轻人来说，这其实是一个很好的状态，能学到很多东西。今天你去看严选（指“瓜子”的严选业务），20 万单和 40 万单对我们这样的团队来说其实没什么两样，只是拉量。

李翔：你是不是还没有经历过不打仗的阶段？突然把竞争对手打没了？

杨浩涌：你说的还真是的。我们从二零零几年就跟“58”打仗，两个对手纠缠，纠缠到最后。到了二手车行业，其实是我们在挑起战争，一直打到去年上半年。

李翔：因此即使没有疫情，你们估计也会有一个大的调整，是吗？

杨浩涌：对，会有。所以还是对产业的认知的问题。现在我感觉特别好，我觉得我们又回到了我们擅长的领域。

组织文化是创始人的事

李翔：我在网上看到，2019 年融资的时候，你给员工写了一封信，信里说你会把组织文化建设作为你最核心的工作。

杨浩涌：是的。

李翔：当时的心态跟今天还一样吗？

杨浩涌：我是在践行这件事情。我是公司 HR（人力资源）的头，我一直在说创始人要走出舒适区，一直做自己擅长的东西是会吃亏的，是会摔跟头的。绝大部分的创始人摔跟头，一定是因为他们懂销售、懂产品，就一直在找销售、产品有什么问题。

HR 这方面，我们其实有一套体系能够让这个组织往前运转。在组织上，我是有些依赖性的，我这方面相对偏弱。公司要做得更大，需要更好的人才培养体系、更好的流程和文化这些东西。特别好的是，我有两年的时间能跟很多专业人士学习，真的理解了后面的一些东西。因为组织和文化这件事情，或者说 HR，都是要靠一把手的。你请再厉害的人，如果你没有投入很多时间去参与，即使有 HR 领域的专家，也会捉襟见肘的。

文化为什么这么重要，为什么要不断地强调，最近这一年多，我一直在跟团队去讲这件事情，他们觉得我越来越像 HR 了。

文化的本质是一样的，组织力第一，看重长期利益，鼓励帮助他人，其实都是因为员工天然不会这么做，所以才要不断强调。这些东西如果不跟激励机制、考核机制挂钩，不跟日常的培训串联，包括创始人的性情，是不是真看重这个事，都很难做好。

组织其实是创始人的事情，所以我才会说，HR 这个事我来做。以后应该会安排一个人来做，但是我觉得我自己来带，可能会让我对这个事情的认知更清楚。没有诀窍，就是花时间。

前两天视频号比较火的时候，好多人转马斯克讲的话，各种人点赞以后，视频就被推到我这儿来了。他说创业就是一边嚼着玻璃，一边凝视深渊，永远面临不确定性，随时要“挂”。嚼玻璃就是说，你做的事情不是你愿意去做的，而是你必须要去做的事情。你觉得这件事情重要，不管你怵不怵、会不会，你都得去干。我觉得我做得挺好的，不想去做也还是会去做的。

李翔：是不是对商业模式的思考，甚至包括融资用了更多的时间？

杨浩涌：现在我觉得思考商业模式和融资占一半吧。现在不融资，可能融的时候需要花一些时间。但我觉得对我来说，现在有一半的时间是去做 HR 这件事了。最近我在公司很多时候说话都是从 HR 的角度去说的。

李翔：比如呢？什么话是从 HR 的角度讲的？

杨浩涌：比如团队战略的落地。之前他们跟我说想做什么，我会说可以，去推吧。今年我就会说，“不行，你要跟班委（指具体业务的领导班子）一起开个会，听听他们的意见，收集完反馈之后再看，这本身就是一个战略落地的过程，你也会有收获的”。之前哪会这么讲啊？现在人员的任命，我也会说，“你怎么不经过 OD[①] 就把这个事儿定了呢？这是不行的”。

① Organization Development，人力资源中负责组织发展的角色。

开放平台的下一步

李翔：你们对上市、二级市场是怎么看的?

杨浩涌：看这个事（指在开放平台卖车）能不能出来。我跟团队说，不用担心，我们的估值要么上去了，要么守不住。这是大实话。你问我，我觉得估值能上去，没问题的。在这个大赛道里，不进则退，要么你就没做出来，你就没了，要么就肯定不止今天这个规模。所以我不担心，做好了一切都在。

李翔：如果没了呢?是不是就全军覆没?

杨浩涌：不会全军覆没，我们还有自营的业务、拍卖的业务，但规模肯定没有开放平台的想象空间大。我觉得不会没了吧，我只要赚了钱就不会没了，我跑出来我就开始挣钱了，为什么会“挂”呢?慢慢摸索嘛。

上市这个事，我对上市是从来没有感觉的。我在内部说，以后上市都是为你们上的，我又没资金退出的需求。不过，团队需要有一个激励，大家需要看到一定的产出。但是上完市就不干了吗？上市后的压力会更大。今天我们可以说下个季度花多少钱，上市以后就没那么大的自由了。

李翔：你觉得你们的开放平台到什么时候会有一个阶段性的公布、交付？

杨浩涌：我们内部对它的要求很高，要看车商有没有蜕变。有些车商开始发生明显的变化了，整个销售模式都有了明显的变化。你要问投资人，投资人会认为做到20%、30%（指的是平台上的其他商家的销售占整个平台的销售比）就有机会。你要问我，20%、30%，我把市场放开做就可以。现在我们是在压着，不全开。

要看车商在这上面的投资占多大的比例，会不会对我们产生依赖，要去看上平台之后是不是比传统车商质量做得更好，这些都是重要的标志。长期你能看到新一代车商的影子。一定会有新一代的车商，而且一定不是今天在市场上做得最大的那些车商，因为他们是没有动力的，往往处在看不懂、看不见、看不清、来不及的状态。现在最渴望的一定是腰部车商，他们脑袋活。我觉得这些都是成长。不着急，慢慢干，挺好。

李翔：现在的车商有定价权吗？

杨浩涌：当然是车商自己定价，用竞争来解决这个问题。

李翔：你的定价系统会给他们一个参考吗？

杨浩涌：不会。

李翔：完全是他们自己定？

杨浩涌：现在车商反而会参考我们的定价。

图书在版编目（CIP）数据
杨浩涌 / 李翔著．-- 北京：新星出版社，2021.1（2021.5 重印）
（详谈）
ISBN 978-7-5133-4290-2
Ⅰ．①杨… Ⅱ．①李… Ⅲ．①杨浩涌－访问记 Ⅳ．
① K825.38
中国版本图书馆 CIP 数据核字（2020）第 265436 号

杨浩涌
李翔　著

策划编辑：白丽丽　王青青
责任编辑：白华昭
营销编辑：龙立恒
封面设计：李　岩
插　　画：贺大磊
版式设计：仙境设计

出版发行：新星出版社
出 版 人：马汝军
社　　址：北京市西城区车公庄大街丙 3 号楼 100044
网　　址：www.newstarpress.com
电　　话：010-88310888
传　　真：010-65270449
法律顾问：北京市岳成律师事务所

读者服务：010-88310811 service@newstarpress.com
邮购地址：北京市西城区车公庄大街丙 3 号楼 100044

印　　刷：北京盛通印刷股份有限公司
开　　本：787mm × 1092mm 1/32
印　　张：7.5
字　　数：145 千字
版　　次：2021 年 1 月第一版 2021 年 5 月第二次印刷
书　　号：ISBN 978-7-5133-4290-2
定　　价：39.00 元
